essentials

essentials liefern aktuelles Wissen in konzentrierter Form. Die Essenz dessen, worauf es als „State-of-the-Art" in der gegenwärtigen Fachdiskussion oder in der Praxis ankommt. *essentials* informieren schnell, unkompliziert und verständlich

- als Einführung in ein aktuelles Thema aus Ihrem Fachgebiet
- als Einstieg in ein für Sie noch unbekanntes Themenfeld
- als Einblick, um zum Thema mitreden zu können

Die Bücher in elektronischer und gedruckter Form bringen das Expertenwissen von Springer-Fachautoren kompakt zur Darstellung. Sie sind besonders für die Nutzung als eBook auf Tablet-PCs, eBook-Readern und Smartphones geeignet. *essentials:* Wissensbausteine aus den Wirtschafts-, Sozial- und Geisteswissenschaften, aus Technik und Naturwissenschaften sowie aus Medizin, Psychologie und Gesundheitsberufen. Von renommierten Autoren aller Springer-Verlagsmarken.

Weitere Bände in der Reihe http://www.springer.com/series/13088

Stephan Abée · Silvio Andrae ·
Ralf B. Schlemminger

Strategisches Controlling 4.0

Wie der digitale Wandel gelingt

Stephan Abée
Fakultät I Wirtschaftswissenschaften
Hochschule Bremen
Bremen, Deutschland

Silvio Andrae
Berlin, Deutschland

Ralf B. Schlemminger
Fakultät I Wirtschaftswissenschaften
Hochschule Bremen
Bremen, Deutschland

ISSN 2197-6708   ISSN 2197-6716   (electronic)
essentials
ISBN 978-3-658-30025-8   ISBN 978-3-658-30026-5   (eBook)
https://doi.org/10.1007/978-3-658-30026-5

Die Deutsche Nationalbibliothek verzeichnet diese Publikation in der Deutschen Nationalbibliografie; detaillierte bibliografische Daten sind im Internet über http://dnb.d-nb.de abrufbar.

Planung/Lektorat: Vivien Bender
Springer Gabler ist ein Imprint der eingetragenen Gesellschaft Springer Fachmedien Wiesbaden GmbH und ist ein Teil von Springer Nature.
Die Anschrift der Gesellschaft ist: Abraham-Lincoln-Str. 46, 65189 Wiesbaden, Germany

Digitalisierung vermag vieles, aber nicht alles.
© Tom Fishburne

Was Sie in diesem *essentials* finden können

- Eine systematische Einführung in die Kernelemente eines „Strategischen Controllings 4.0" – ein Begriff, der für das Zukunftsbild dieses bedeutsamen Controlling-Teilbereichs im Digitalisierungszeitalter steht.
- Eine Darstellung konkreter Ansätze zur Digitalisierung strategischer Controlling-Prozesse und -Instrumente sowie Steuerungssysteme, um eine effiziente und effektive Controlling-Unterstützung des strategischen Managements zu gewährleisten.
- Eine Darlegung der Ansätze zum Controlling der Digitalisierung auf Basis des Digital-Business-Management-Modells, um eine „gesteuerte" digitale Geschäftsmodell-Weiterentwicklung zu ermöglichen.
- Einen Vorschlag über die Ausgestaltung des Prozesses hin zum Strategischen Controlling 4.0 mit einer Roadmap.

Inhaltsverzeichnis

Abkürzungsverzeichnis

BA	Business Analytics
BI	Business Intelligence
CTR	Click-Through-Rate
DBM	Digital-Business-Management-Modell
DCF	Discounted Cashflow
DPI	Deutsche Post International
EVA	Economic Value Added
ERP	Enterprise Resource Planning
HGB	Handelsgesetzbuch
IBM	International Business Machines Corporation
ICV	Internationaler Controllerverein e. V.
ML	Maschinelles Lernen
OE	Organisationseinheit
OIP	Open-Innovation-Prozess(e)
PwC	PricewaterhouseCoopers
SGE	Strategische Geschäftseinheit
SGF	Strategisches Geschäftsfeld
SWOT	Strengths/Weaknesses/Opportunities/Threats
TOWS	Threats/Opportunities/Weaknesses/Strenghts
WACC	Weighted Average Cost of Capital

Abbildungsverzeichnis

Einleitung 1

1.1 Ausgangssituation

Die Wirtschaft befindet sich in einem tief greifenden Wandel: Digitale Technologien wie das Internet der Dinge, das Cloud-Computing oder die Künstliche
Intelligenz verändern nachhaltig Wertschöpfungsketten in Unternehmen oder
sogar ganze Geschäftsmodelle.[1] Die Industrie ist auf dem Weg zur Industrie 4.0.
Sie verfolgt dabei die Vision einer selbststeuernden Fabrik; letztendlich sollen
individuelle Kundenwünsche zum Preis von Massenwaren auf hohem Qualitäts-
niveau anboten werden.[2] Zudem gibt es neue Möglichkeiten durch Big-Data:
Unternehmen können wesentlich datengestützter betriebswirtschaftliche Probleme
lösen. Die Durchgängigkeit aller Daten – bspw. Beschreibung technischer und
betriebswirtschaftlicher Sachverhalte durch genau gleiche Daten – ist eine wesentliche Voraussetzung für die digitale Abbildung ganzer Geschäftsprozesse.

Diese Entwicklungen bleiben nicht ohne Auswirkungen auf die Unternehmenssteuerung und damit auch auf das Controlling als Führungsunterstützungssystem.
Ein weitreichender Wandel wird vorausgesagt – Aufgaben und Anforderungs-
profile werden sich deutlich verändern, wobei der digitale Umwandlungsprozess
schon im vollen Gange ist, so die Einschätzung von Experten.[3]

In dieser Debatte über die Zukunft des Controllings wird teilweise sogar die
dramatische These vertreten, dass Unternehmen, die nicht sofort eine digitale

---

[1]Vgl. Egle und Keimer (2018), S. 49.
[2]Vgl. BMWi (2019).
[3]Vgl. Biel (2019), S. 26.

© Der/die Herausgeber bzw. der/die Autor(en), exklusiv lizenziert durch
Springer Fachmedien Wiesbaden GmbH, ein Teil von Springer Nature 2020
S. Abée et al., *Strategisches Controlling 4.0*, essentials,
https://doi.org/10.1007/978-3-658-30026-5_1

Transformation des Controllings in Angriff nehmen, den Anschluss an den Wettbewerb verlieren werden. Viel Aktionismus, ja ein wahrer Hype ist auszumachen, der in der Frage gipfelt, ob das Controlling sich in einem „Digitalisierungswahn" befindet.[4] In dieser überdrehten Debatte ist mitunter sogar ein Abgesang auf das Controlling zu hören: Ein Großteil der Controller-Tätigkeiten wird von IT-Systemen, Data Scientists und von den Führungskräften selbst übernommen. Ein empirisches Studienergebnis aus der Controlling-Praxis macht allerdings deutlich, dass dieses Szenario wohl nicht wahrscheinlich ist.[5]

Insofern darf ein Fortbestand des Controllings in naher Zukunft unterstellt werden. Schaut man sich unter dieser Prämisse die Controlling-Elemente genauer an, zeigt sich doch ein differenziertes Bild der digitalen Betroffenheit: das Datenmanagement wird laut einer Studie – und das ist sicherlich nicht überraschend – am meisten von der digitalen Transformation beeinflusst. Bei der strategischen Planung ist hingegen der geringste Einfluss festzustellen.[6]

Angesichts dieses uneinheitlichen Bildes haben gerade strategische Controllerinnen und Controller es nicht leicht, sich im Digitalisierungszeitalter richtig aufzustellen. Es kommt hinzu, dass im Zuge der Digitalisierungsdebatte mitunter Instrumente – wie etwa die althergebrachte Regressionsanalyse – empfohlen werden, die bekanntermaßen zur betriebswirtschaftlichen Standardausbildung gehören. Wird hier alter Wein in neuen Schläuchen verkauft oder ist unter den veränderten Rahmenbedingungen der Big-Data-Welt eine berechtigte Renaissance dieses Werkzeugs zu konstatieren?

1.2   Problemstellung und Forschungsfrage

Strategische Controllerinnen und Controller haben als Business Partner*innen die Geschäftsführung bei der Entwicklung bzw. Planung, Kontrolle und Anpassung der Strategien zu unterstützen. Dabei übernehmen sie in der einen Situation einmal die Navigator*innen-Rolle, in der anderen sind sie Sparringspartner*innen oder „nur" fachkundige Strategie-Reporter*innen.

Diese Rollen umfassen ein ganzes Bündel an Aufgaben, wie sie in der nachfolgenden Abb. 1.1 zum Ausdruck gebracht werden.

---

[4]Vgl. Mayer und Wiesehahn (2018), S. 29.
[5]Vgl. Losbichler (2019), S. 17 f.
[6]Vgl. Nasca et al. (2019), S. 79.

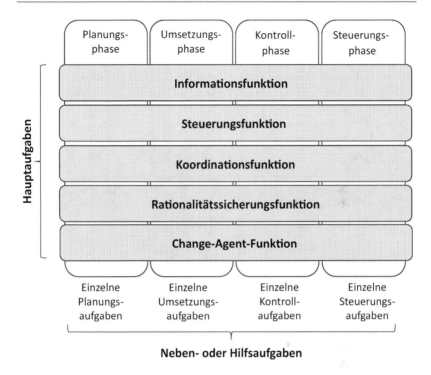

Abb. 1.1 Aufgaben des strategischen Controllings. (Quelle: In Anlehnung an Schlemminger 2016, S. 1096)

Controllerinnen und Controller müssen das Top-Management

- mit den „richtigen" strategischen Informationen rechtzeitig versorgen (Informationsfunktion),
- ein durchgängiges Zielsystem vom obersten Ziel der Existenzsicherung über die strategischen Ziele bis hin zu Strategien und Vorhaben mitentwickeln und überwachen (Steuerungsfunktion),
- strategische Planungs- und Kontrollprozesse koordinieren (Koordinationsfunktion),
- auf einen rationalen Zweck-Ziel-Mittel-Einsatz achten (Rationalitätssicherungsfunktion) und schließlich
- auf einen geeigneten Change-Management-Prozess hinwirken, gerade wenn eine neue strategische Ausrichtung zu massiven internen Strukturveränderungen führen (Change-Agent-Funktion).

Der in Anlehnung an den Begriff von der Industrie 4.0 geschaffene *Terminus technicus* „Controlling 4.0" mit seinen vielfältigen Digitalisierungsansätzen ist Gegenstand vieler Diskussionsbeiträge und Untersuchungen. Im Großen und Ganzen herrscht jedoch Unsicherheit im Hinblick auf die Digitalisierungsentwicklung im Controlling, sodass aktuell noch vielfach von „Werkstattberichten" die Rede ist (vgl. 1.).

1. Digitalisierung und Unsicherheit im Kontext der Controlling-Arbeitsweise

Für Controllerinnen und Controller birgt die Zukunft zwar Risiken. Die Unsicherheit erscheint durch die vielen Controlling-Instrumente aber beherrschbar. Die Instrumente sind auf eine Regelsteuerung angelegt – von Forecasting bis hin zu Abweichungsanalysen. Eine sichere Planungsgrundlage ermöglicht eine enge Verknüpfung mit Teilplanungen. Eine hohe Komplexität und Dynamik – verursacht durch die verschiedenen Dimensionen der Digitalisierung – vertragen sich aber mit der Regelsteuerung nicht.

Die Digitalisierung stellt an Controllerinnen und Controller besondere Herausforderungen. Dies gilt vor allem für das strategische Controlling. Die Steuerung wird risikoreicher und unsicherer, vor allem im Zusammenhang mit der digitalen Transformation.

Das strategische Controlling analysiert, welchen Einfluss die Digitalisierung auf das bestehende Geschäft hat. Hierfür ist ein kreativer Prozess notwendig, der die Möglichkeit einer digitalen Disruption ernst nimmt. Hierfür kommunizieren die Controllerinnen und Controller nach innen und nach außen. Die Offenheit gegenüber externen Ideen und Innovationen kann in Form von Open-Innovation-Prozessen (OIP) gelingen. Das Unternehmen bezieht externe Quellen zur Entwicklung von Innovationen mit ein. Der offene Wissensaustausch steigert die Innovationskraft des Unternehmens und begegnet zugleich den Kostendruck. Die Ideenphase ist für den Erfolg eines Innovationsprojektes von besonderer Bedeutung. In der Praxis werden solche Open-Innovation-Prozesse bisher nur selten durch das Controlling begleitet. Als Grund wird häufig der innovationshemmende Charakter des Controllings angegeben. Aber gerade in der Ideenphase kann das Controlling eine wichtige Rolle spielen. Das Controlling stellt als Spezialist ein Bewertungsverfahren (z. B. Nutzwertanalyse) zur Verfügung, damit die Kosten gesenkt werden und zugleich keine kreativen Ideen verloren gehen.

Gerade vor diesem Hintergrund ist es herausfordernd und spannend, sich mit der Frage nach der Digitalisierung speziell des strategischen Controllings zu beschäftigen, die prinzipiell in zwei Teilfragen aufgeteilt werden kann:

- Welche Ansätze „zur" Digitalisierung sollte das strategische Controlling nutzen? – Hier geht es um das, was bisweilen mit der **„Digitalisierung des Controllings"** umschrieben wird und mit den „neuen" Möglichkeiten in der digitalen Welt zu tun hat.
- Welche Ansätze „aus" der Digitalisierungsentwicklung, insbesondere bei den Geschäftsmodellen, gibt es, die Controllerinnen und Controller gleichsam nutzen sollten? – Hier steht das **„Controlling der Digitalisierung"** im Vordergrund, sodass eine „gesteuerte" digitale Geschäftsmodellweiterentwicklung möglich wird.

Alle Antworten darauf müssen letztendlich der übergeordneten Zielsetzung oder Anforderung an das Controlling gerecht werden: Es sollte das strategische Management noch effizienter, schneller und effektiver und im Rahmen eines ganzheitlichen Steuerungsansatzes („keine Silo-Lösungen") unterstützen.

1.3   Aufbau des Buches und Vorgehensweise

Damit in einer extrem beschleunigten digitalen Welt die richtigen Entscheidungen getroffen werden können, sind Grundlagenkenntnisse unumgänglich. Deshalb wird zunächst im **Kap.** 2 auf den Begriff der Digitalisierung und seine Ausprägungen eingegangen (Abschn. 2.1). Anschließend werden die prägenden Elemente des Digitalisierungszeitalters dargestellt, die für Unsicherheit sorgen, aber auch Auslöser der Neuorientierung der Unternehmenssteuerung sind (Abschn. 2.2). Um die Chancen zu verdeutlichen, die für Unternehmen in der Digitalisierung liegen, wird ein Licht auf solche Unternehmen geworfen, die auf dem Weg der digitalen Transformation bereits fortgeschritten sind und sich mit digitalen Geschäftsmodellen behaupten (Abschn. 2.3).

Gegenstand des **Kap.** 3 sind Ansätze zur Digitalisierung des Controllings. Es geht um Effizienzsteigerung durch die Nutzung von Technologien, sodass für Controllerinnen und Controller Freiräume für Analyse und Beratung entstehen – ganz im Sinne der Business Partner*innen-Rolle. Zudem soll das Controlling durch eine andere Art der Informationsaufbereitung effektiver werden. Vor diesen Hintergrund werden die Ansätze zur Digitalisierung der Controlling-Prozesse (Abschn. 3.2), der

Controlling-Instrumente (Abschn. 3.3) sowie der Steuerungssysteme (Abschn. 3.4) aufgezeigt.

Beim strategischen Controlling 4.0 geht esnicht nur um die Nutzung von digitalen Instrumenten bzw. Angeboten, sondern um deren bewusste Gestaltung im Rahmen einer gesteuerten „digitalen" Weiterentwicklung der Organisation. Es nutzt einem Unternehmen nichts, eine neue (teure) Technologie einzuführen, wenn diese nicht sinnvoll genutzt werden kann. **Kap.** 4 nimmt eine kundenzentrierte Sicht ein und verknüpft die Technologieansätze aus Kap. 3 mit der Struktur bzw. den Prozessen, die für eine digitale Transformation notwendig sind.

Das Digital-Business-Management-Modell (DBM) hilft dabei die Bereiche zu identifizieren, wo das strategische Controlling die digitale Transformation einer Organisation antreiben kann bzw. wie dieser Wandel überwacht und gesteuert werden kann. Nach einem Überblick über dieses Modell (Abschn. 4.1) werden die Steuerungsansätze aus der Nutzendimension (Abschn. 4.2), der Anwendungsdimension (Abschn. 4.3) und der Technikdimension (Abschn. 4.4) behandelt. Der Abschluss dieses Kapitels bildet ein Fallbeispiel über digitale Ziele und Strategien zur digitalen Weiterentwicklung des Geschäftsmodells eines Unternehmens (Abschn. 4.5).

Eine digitale Transformation setzt eine Veränderung der Denkweise und Einstellung zur Digitalisierung sowie bestimmte Kompetenzen voraus. Hiervon handelt das **Kap.** 5 „Gestaltung des Entwicklungsprozesses hin zum Strategischen Controlling 4.0". Ausgehend von einer veränderten Unternehmenskultur, in der Ausprobieren und Fehler machen erlaubt sind (Abschn. 5.1), nimmt das strategische Controlling (zusammen mit der IT-Abteilung) in seiner Koordinations- und Change-Agent-Funktion nunmehr eine gestaltende Rolle ein, insbesondere mit Blick auf die Datenstrategie (Abschn. 5.2). Der Kultur- und Strategiewandel bedingt, dass das strategische Controlling andere Kompetenzen benötigt (Abschn. 5.3). Die zur Gestaltung des Entwicklungsprozesses notwendigen Schritte sollen anschließend im Rahmen einer Best-Practice-Vorgehensweise dargestellt werden (Abschn. 5.4).

Im Hinblick auf die Vorgehensweise ist das Buch so aufgebaut, dass im Haupttext die „Kernbotschaften" zu finden sind. Details werden in separaten Stichwortkolumnen ergänzt.

Grundlagen 2

2.1 Begriffsdefinition Digitalisierung

Der Begriff Digitalisierung umfasste ursprünglich nur die Überführung analoger Werte in digitale Formate mit einer anschließenden IT-gestützten Verarbeitung oder Speicherung. Mittlerweile haben sich drei Ausprägungen der Digitalisierung herauskristallisiert:

- **Digitization:** Dies umfasst die Übertragung analoger Aktivitäten in digitale Aktivitäten („E-Mails anstelle handgeschriebener Briefe");
- **Digitalization:** Sie steht für die technologischen Verknüpfungen digitaler Datenmengen oder Plattformen über automatische Schnittstellen;
- **Digitale Transformation:** Auf Basis von (neuen) Technologien werden Prozessabläufe automatisiert und neue oder veränderte Methoden oder Verfahren etabliert, die zu Effizienzsteigerungen führen.

Diese drei Ausprägungen hängen zusammen und prägen gemeinsam die Geschäftsaktivitäten von Unternehmen. Dies führt zu einem Management-Dilemma: Unternehmen müssen einen Großteil ihres Geschäfts weiterhin mit den Top-down-Ansätzen und Verantwortlichkeiten führen, die für die „Digitalization" unerlässlich sind, aber für die digitale Transformation nicht funktionieren. Das Management muss standardisierte Prozesse implementieren und gleichzeitig hoffen, dass das Unternehmen agil und ständig veränderbar ist. Das sind im Grunde genommen Gegensätze. Insbesondere die Übertragung der Geschäftsregeln, die zu operativer Exzellenz führen – Prozessoptimierung, Business-Case-Entwicklung, Performance-Metriken – behindert die digitale Evolution von Geschäftsmodellen. Die verschiedenen Ausprägungen der

© Der/die Herausgeber bzw. der/die Autor(en), exklusiv lizenziert durch
Springer Fachmedien Wiesbaden GmbH, ein Teil von Springer Nature 2020
S. Abée et al., *Strategisches Controlling 4.0*, essentials,
https://doi.org/10.1007/978-3-658-30026-5_2

Digitalisierung verlangen daher unterschiedliche Management- und Controlling-Ansätze (vgl. 2.).

2. Die Spannbreite der Digitalisierung

Kunden*innen sind heutzutage anspruchsvoller geworden, dazu auch noch gut informiert und weniger loyal. Um Kunden zu erreichen, müssen Unternehmen ihnen auf allen verfügbaren Kanälen begegnen (Omnichannel-Strategie). Dabei reicht es bei weitem nicht aus, Produkte auf elektronischem Wege bspw. über einen Online-Shop zu verkaufen (Digitization). Das Unternehmen sollte seine Kundendaten analysieren und mit allen verfügbaren Kanälen vernetzen, sodass etwa die Vertriebsmitarbeiter*innen im Handel die Kunden erkennen und individuell zugeschnittene Angebote machen können (Digitalization). Auf Basis dieser Erkenntnisse können Kundenbedürfnisse auch komplett neu befriedigt werden, in dem etwa die Daten zur Generierung neuer Services genutzt werden (Digitale Transformation). Der Grad der Vernetzung und die erforderliche Agilität der Organisation steigen damit noch weiter an. Mit diesem Management-Ansatz war es Unternehmen wie Uber oder Airbnb möglich, ohne eigenes Produkt bzw. Vermögensgegenstände quasi über Nacht zu globalen Marktführern aufzusteigen und ganze Branchen zu verändern (Disruption).

2.2 Zentrale Elemente des Digitalisierungszeitalters

Das Digitalisierungszeitalter weist verschiedene, prägende Facetten auf, wie sie in der Abb. 2.1 aufgeführt werden.

Was versteht man unter diesen einzelnen Elementen, die in unterschiedlicher Art und Weise miteinander verbunden sind und sich gegenseitig beeinflussen?

- **Künstliche Intelligenz** (KI, engl.: Artificial Intelligence, AI) ist einerseits ein Teilbereich der Informatik. Dieser beschäftigt sich mit der Entwicklung computergestützter Verfahren, die die Ab- oder Nachbildung menschlicher Verhaltensweisen zum Gegenstand haben. Andererseits steht dieser Begriff für intelligente, „lernfähige" Maschinen, die Probleme lösen und Entscheidungen fällen können.[1]

---

[1]Vgl. Bendel (2019a).

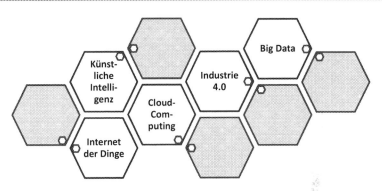

Abb. 2.1 Zentrale Elemente des Digitalisierungszeitalters. (Quelle: Eigene Darstellung)

- **Industrie 4.0** steht für die vierte industrielle Revolution. Es handelt sich um einen Marketingbegriff für ein Zukunftsprojekt der deutschen Bundesregierung, wonach die deutsche Wirtschaft mit digital vernetzten, selbststeuernden Systemen und Prozessen wettbewerbsfähig gemacht werden soll. Vereinfacht wird von der „selbststeuernden Fabrik" gesprochen. Basis sind Cyber-physische Systeme, also Systeme mit informations- und softwaretechnischen sowie mechanischen Komponenten, die über ein Netzwerk wie das Internet in Echtzeit verbunden sind.[2]
- **Internet der Dinge** (engl.: Internet of Things, IoT) meint die Vernetzung von Gegenständen über das Internet. Sie sollen selbstständig miteinander kommunizieren und so verschiedene Aufgaben erledigen – wie etwa automatische Warenbestellungen auslösen.
- **Cloud Computing** umfasst die Nutzung, aber auch das Angebot von IT-Dienstleistungen über ein Netzwerk, insb. das Internet. Insofern brauchen bspw. Datenspeicherungen oder Software-Anwendungen nicht vor Ort auf lokalen Rechnern vorgenommen bzw. vorgehalten werden.
- **Big Data,** gekennzeichnet durch die fünf „V" plus Data Analytics, steht für eine nie dagewesene Menge (Volume) unterschiedlichster Daten (Varity), die mit hoher Geschwindigkeit (Velocity) generiert und mit besonderen Analyse-Tools (Data Analytics) ausgewertet werden können. Damit können

---

[2]Vgl. Bendel (2019) und BMWi (2019).

Unternehmen wirtschaftlichen Nutzen (Value) in unterschiedlichster Form
generieren. Die Glaubwürdigkeit bzw. Richtigkeit der Daten (Veracity) muss
hierbei allerdings sichergestellt werden.[3]

2.3   Erfolgreiche digitale Geschäftsmodelle

Die eben dargestellten Elemente des Digitalisierungszeitalters ermöglichen ganz
neue „digitale" Geschäftsmodelle. Sie stellen nachweislich Erfolgspotenziale dar.
Unternehmen wie etwa Airbnb, Uber, Coursera oder DBS können dies belegen.
Sie alle können auf digitale Erfolgsgeschichten zurückblicken, die in der nachfolgenden Abb. 2.2 näher ausgeführt werden.
   Über erfolgreiche digitale Geschäftsmodelle zu reden, wenn sie sich durch-
gesetzt haben, ist leicht. Schwieriger ist es jedoch, den richtigen „digitalen
Schlüssel" zu finden, wenn der digitale Transformationsprozess im Unternehmen
möglicherweise schon begonnen, aber noch nicht den richtigen Schub erfahren
hat. Ein Lied davon kann (leider) die Finanzbranche singen, wie es im nachfolgenden Stichwort „Digitalisierung und Strategien in der Finanzbranche" näher
erläutert wird (vgl. 3.).

> **3. Digitalisierung und Strategien in der Finanzbranche**
> Ein Großteil der Banken weiß nicht genau, welchen Mehrwert sie ihren
> Kunden bieten. Einige Manager sehen eine tragfähige Strategieentwicklung
> gar als unmöglich an. Dies wird vor allem auf das volatile Geschäftsumfeld
> der Banken zurückgeführt. Insofern gibt es verschiedene Archetypen von
> Unternehmen (vgl. Abb. 2.3).
>   Beispiele für langfristig erfolgreiche und gleichzeitig flexible Strategie-
> ansätze sind dabei auch zu finden. Nach einer Befragung der Berater von
> PwC, einem weltweiten Netzwerk von Wirtschaftsprüfungs- sowie Steuer-
> und Unternehmensberatungsgesellschaften, zählen aber erst 2 % der
> Institute zu diesen sogenannten „Superwettbewerbern". Sie unterscheiden
> sich an zwei wesentlichen Punkten von den Wettbewerbern: Sie haben zum
> einen eine leistungsfähige Strategie entwickelt. Zugleich existieren die
> erforderlichen Strukturen zur operativen Umsetzung. Die enge Verzahnung

---

[3]Vgl. ICV (2014), S. 4; Bellgard (2020), S. 337.

Nr.	Unternehmen	Digitale Erfolgsstory
1	**Airbnb**	Um 678.000 Zimmer in 91 Ländern anbieten zu können, brauchte das weltweit agierende Hotelunternehmen Hilton 93 Jahre. Das in den USA gegründete Unternehmen Airbnb benötigte für gleiche Bettenanzahl dagegen nur vier Jahre. Dabei schaffte es, in 192 Ländern mit mehr als 25 Mio. Gästen vertreten zu sein. Worin besteht das Geschäftsmodell? Es betreibt einen Online-Marktplatz für die Buchung und Vermietung von Unterkünften.
2	**Uber**	Innerhalb von sechs Jahren gelang es dem US-amerikanischen Unternehmen Uber in 277 Städten aktiv zu sein. 2019 sind es schon mehr als 600 Städte in 64 Ländern, und der Umsatz des nunmehr börsennotierten Unternehmens stieg von 2017 um 42 % auf knapp 11,3 Mrd. € in 2018. - Was ist das Besondere? Uber besitzt keine eigenen Fahrer und keine eigenen Autos, es bietet „nur" Online-Vermittlungsdienste (über eine Smartphone-App) zu alternativen Beförderungsmöglichkeiten, Essenslieferanten und Fracht- und Kurierdiensten an.
3	**Coursera**	Das US-amerikanische Unternehmen Coursera hatte innerhalb von 3 Jahren mehr als 25 Mio. Studierende aus 190 Ländern mit Online-Weiterbildungskursen versorgt. Den beliebtesten Kurs besuchten 240.000 Studierende zeitgleich.
4	**DBS**	Singapurs größte Bank DBS stellt sich ins Zentrum eines eigenen Ökosystems, das nicht auf Finanzdienstleistungen beschränkt ist. Vielmehr fungiert die Plattform für alle Lebensbereiche. Ob Autohändler oder Werkstätten, Immobilienmakler oder Gesundheitsdienstleister, ob Rechtsberater, Energieversorger oder Architekten – über mittlerweile 350 offene Schnittstellen (API) lässt die DBS Partner andocken. Sie führen der Bank neue Kunden zu, die wiederum erhält Provisionen und kann ein umfangreiches Angebot machen. Durch die Digitalisierung ist der Anteil der Digitalkunden im Privat- und Firmenkundengeschäft in Singapur und Hongkong von 33% in 2015 auf 48% gewachsen. Erfolgsfaktoren sind: Klarheit in der Formulierung und Umsetzung der Ziele, Datenanalysen, die konsequente Digitalisierung und keine IT-Altlasten. Die DBS versteht die Digitalisierung als fortwährenden Prozess und investiert kontinuierlich darin.

Abb. 2.2 Beispiele erfolgreicher digitaler oder digitalisierter Geschäftsmodelle. (Quellen: Vgl. Losbichler 2015, S. 24; Onvista 2019, o. S.)

zwischen Strategie und Umsetzung hat einen erheblichen Einfluss auf die Performance eines Unternehmens. Die „Superwettbewerber" können schneller wachsen und sind im Vergleich zu den Wettbewerbern profitabler. Auf Basis eines klaren Wertversprechens an die Kunden fokussieren diese Unternehmen sich auf ihre differenzierenden Fähigkeiten. Im Kontrast dazu stehen die „Treibenden". Nach Auskunft von PwC gehören 38 % der Banken in diese Kategorie. Sie besitzen kein klares Wertversprechen und auch ihre strategischen Ziele bleiben diffus. Die Gründe können unterschiedlicher Natur sein. So gibt es kein Wissen über die relevanten Markttrends, die Distanz zum Kunden ist groß oder es ist die bloße Überforderung angesichts des immer schnelleren digitalen Wandels. Ohne ausreichende Kenntnis über die eigenen differenzierenden Fähigkeiten und ohne die entsprechenden begleitenden Investitionen zu tätigen, schaut diese Gruppe einer unsicheren Zukunft entgegen.

Am Beispiel der Banken wird deutlich, dass viele Unternehmen die Schnittstelle zum Kunden nicht in ausreichendem Maße nutzen oder diese sogar verlieren. Der Erfolg von Amazon oder auch Uber zeigt, dass gerade Plattformen als Ausprägung der Digitalisierung es verstanden haben, den Kunden und dessen Bedürf-

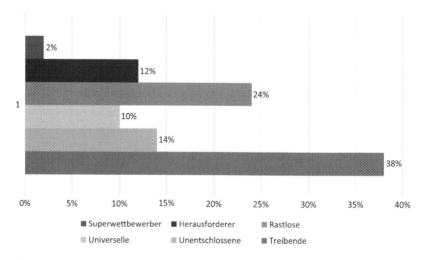

Abb. 2.3 Archetypen von Unternehmen. (Quellen: Vgl. PwC 2019, S. 25; Gassmann 2019)

nisse tatsächlich in den Mittelpunkt zu stellen. In der Folge begeben sich die Treibenden zumeist in eine Abhängigkeit von solchen Plattformen, bis letztere häufig auch diese Produkte und Dienstleistungen selber anbieten. Um erfolgreich zu sein, sollten Unternehmen daher zum einen der Kundenschnittstelle eine hohe Priorität einräumen. Hierbei sind geeignete (digitale) Ansätze bzw. Instrumente heranzuziehen. Zum anderen ist es entscheidend, dass ein Unternehmen eine digitale Strategie entwickelt, die die Chancen des Digitalisierungszeitalters nutzen kann. Das strategische Controlling sollte daher für die passenden Instrumente und Prozesse sorgen (vgl. Kap. 3) sowie die Umsetzung der digitalen Strategie gewährleisten bzw. mitgestalten (vgl. Kap. 4).

Ansätze zur Digitalisierung des Controllings

3

3.1 Überblick

Um noch effizienter, effektiver und schneller das Management unterstützen zu können, sollte das strategische Controlling die drei Ausprägungen der Digitalisierung nutzen.

Sie haben Auswirkungen auf die Erledigung strategischer Controlling-Aufgaben – oder etwas konkreter – auf die Wahrnehmung der Aktivitäten im Rahmen der Controlling-Prozesse, auf anzuwendende Controlling-Instrumente sowie generell auf die Gestaltung der Steuerungssysteme. Insgesamt können sieben Ansätze zur Digitalisierung im strategischen Controlling ausgemacht werden (vgl. Abb. 3.1).

Das Controlling soll dadurch einerseits Prozessaufwand einsparen und damit die Effizienz und Schnelligkeit steigern. Andererseits soll das Controlling durch das daten- und faktenbasierte, mit quantifizierten Treiber- bzw. Erfolgsfaktormodellen geprägte Vorgehen noch differenzierter und damit noch effektiver das strategische Management unterstützen. So wird das Management insgesamt immer stärker weg von eine reaktiv-analytischen hin zu einer proaktiven, integrierten, unternehmens- bzw. wertschöpfungsübergreifenden Unternehmenssteuerung kommen.[1] Im Folgenden sollen diese sieben Ansätze näher erläutert werden.

---

[1]Vgl. ICV (2016), S. 4 ff.

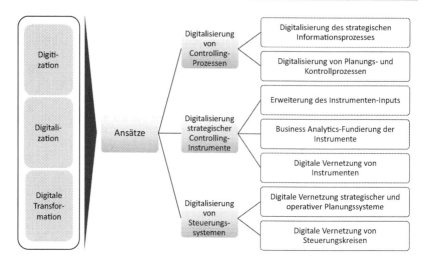

Abb. 3.1 Ansätze des strategischen Controllings zur Digitalisierung. (Quelle: Eigene Darstellung)

3.2 Digitalisierung von Controlling-Prozessen

3.2.1 Digitalisierung des strategischen Informationsprozesses

Im Kern geht es bei der Informationsfunktion des strategischen Controllings um die Ergänzung eines zumeist operativ geprägten Berichtswesens um strategisch relevante Steuerungsinformationen. Hierzu gehören interne Informationen zur Umsetzung strategischer Vorhaben (Maßnahmen und Projekte) und damit über den Fortschritt bei der Implementierung der Strategien. Schlussendlich ist über den Erfüllungsgrad strategischer Unternehmensziele zu berichten, der maßgeblich von den Strategieumsetzungen bestimmt wird. Damit ist der strategischen Informationsversorgung aber noch nicht Genüge getan: Externe Umweltinformationen sind zu liefern; denn bestimmte, erwartete Entwicklungen des Unternehmensumfeldes sind bedeutsame Prämissen für den eingeschlagenen strategischen Kurs – und dieses Umfeld kann sich jederzeit ändern.

Eine solche Strategieberichterstattung setzt einen strategischen Informationsprozess voraus, der – wie die Abb. 3.2 verdeutlicht – in verschiedene Teilprozesse unterteilt werden kann.

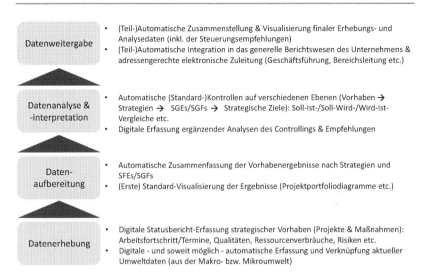

Datenweitergabe	• (Teil-)Automatische Zusammenstellung & Visualisierung finaler Erhebungs- und Analysedaten (inkl. der Steuerungsempfehlungen) • (Teil-)Automatische Integration in das generelle Berichtswesen des Unternehmens & adressengerechte elektronische Zuleitung (Geschäftsführung, Bereichsleitung etc.)
Datenanalyse & -interpretation	• Automatische (Standard-)Kontrollen auf verschiedenen Ebenen (Vorhaben → Strategien → SGEs/SGFs → Strategische Ziele): Soll-Ist-/Soll-Wird-/Wird-Ist-Vergleiche etc. • Digitale Erfassung ergänzender Analysen des Controllings & Empfehlungen
Daten-aufbereitung	• Automatische Zusammenfassung der Vorhabenergebnisse nach Strategien und SFEs/SGFs • (Erste) Standard-Visualisierung der Ergebnisse (Projektportfoliodiagramme etc.)
Datenerhebung	• Digitale Statusbericht-Erfassung strategischer Vorhaben (Projekte & Maßnahmen): Arbeitsfortschritt/Termine, Qualitäten, Ressourcenverbräuche, Risiken etc. • Digitale - und soweit möglich - automatische Erfassung und Verknüpfung aktueller Umweltdaten (aus der Makro- bzw. Mikroumwelt)

Abb. 3.2 Digitalisierungsansätze im strategischen Informationsprozess. (Quelle: Eigene Darstellung)

Gerade in den Teilprozessen der Datenerhebung, -aufbereitung und -weitergabe schlummern Effizienzpotenziale durch digitale Erfassungen, Verknüpfungen sowie automatische Datenzusammenfassungen und -integration bis hin zu automatischen Kontrollen. Wenn Controllerinnen und Controller dieses nutzen, verschaffen sie sich den Freiraum für ergänzende Analysen und Interpretationen und können so noch besser ihrer Rolle als Business Partner*in gerecht werden.

Wie sollte nun der strategische Teil des Berichtswesens ausgestaltet sein – ein vorgegebener Standardbericht oder im Sinne der Business Intelligence (BI)-Logik eine Berichtssystematik, die Managerinnen und Managern individuelle Auswertungen ermöglicht? – Am besten beides: Zeitdruck und zum Teil auch der Mangel an spezifischen IT-Anwendungskenntnissen im Management sprechen für (formatierte) Standardberichte. So können wesentliche Strategieinformationen schnell erfasst und aktuelles strategisches Wissen aufgebaut werden. Strategisches Self-Controlling sollte jedoch auch möglich sein. Einerseits besteht bei Entscheidungsträgern der Wunsch nach vertieftem Wissen über die Informationskette „Vorhaben – Strategien – Unternehmensziele". Andererseits sollen Managerinnen und Manager die Chance haben, eigenständig strategische Fragestellungen datenbasiert beantworten zu können.

Zu guter Letzt: Bei der Digitalisierung des strategischen Informationsprozesses steht das Controlling vor einer zentralen Herausforderung: Es sollte auch für die „produzierten" strategischen Steuerungsinformationen „single source of truth" bleiben. Dieses Dasein als Wahrheitsquelle wird als „segensreich [angesehen], weil endlich das Feilschen darum wegfällt, wer denn nun die richtigen Daten hat".[2] Angesichts des vermeintlichen „Big-Data-Datendschungels" ist es keine leichte Aufgabe, die Spreu vom Weizen zu trennen.

3.2.2 Digitalisierung von Planungs- und Kontrollprozessen

Strategische Planungs- und Kontrollprozesse sind komplex. Eine Vielzahl von Aktivitäten ist wahrzunehmen. Hier sind Koordination, Moderation und Zeitmanagement gefragt. Im Rahmen ihrer Koordinationsfunktion übernehmen strategische Controllerinnen und Controller hier die wichtige Rolle der zentralen Managerin oder des Managers dieser Prozesse – insbesondere dann, wenn im Sinne des Gegenstromprinzips betroffene Geschäftseinheiten zu Planungsbeteiligten gemacht werden.

Schon ein grober Blick auf den strategischen Planungsprozess mit den vier Teilprozessen, wie sie in der Abb. 3.3 aufgeführt sind, lässt den Koordinationsaufwand erahnen.

Wie beim strategischen Informationsprozess sind auch hier Effizienzgewinne durch Nutzung von Digitalisierungsansätzen zu erzielen. Abb. 3.3 zeigt, inwiefern die einzelnen Teilprozesse durch digitale Erfassungen, Verknüpfungen, automatische Datenweiterleitungen und -versorgungen, aber auch durch automatische Bewertungen von Strategien und Vorhaben vereinfacht und beschleunigt werden können. Was hier anhand des Planungsprozesses gezeigt wird, lässt sich auch auf den Kontrollprozess übertragen, auf den hier nicht weiter eingegangen werden soll.

Gerade wenn viele Ideen entwickelt und ausgewertet werden müssen, ist Automatisierung gefragt. Was vom strategischen Controlling hier geleistet werden kann und muss, zeigt das Beispiel über das Innovation Jam bei IBM (vgl. 4.).

---

[2]WHU (2017).

Bewertung von Strategievorschlägen	• Automatische Bewertung von Strategien & Vorhaben nach bestimmten Methoden sowie nach dem Grad der Vorgabenerfüllung • Digitale Erfassung der Bewertungen & Empfehlungen des strategischen Controllings

Entwicklung von Strategievorschlägen	• Digitale Erfassung entwickelter Strategien (inkl. Vorhaben) nach vorgegebenem Format: Beschreibung, Kategorisierung, geschätzte Ressourcen- & Erfolgsgrößen etc. • Automatische Plausibiltätschecks (fehlende Daten, Strategien ohne Vorhaben etc.)

Umwelt-/ Unternehmensanalyse	• Digitale sowie – soweit möglich - automatische Erfassung und Verknüpfung der Ergebnisse der Umwelt-/ Unternehmensanalyse • Automatische Weiterleitung der Analyseergebnisse an Planungsverantwortliche

Versorgung mit grundlegenden Informationen	• Automatische Versorgung der Planungsverantwortlichen mit strategischen Informationen: Stand der Umsetzung bisheriger Strategien („Berichtwesen-Extrakt") • Digitale Erfassung und Weiterleitung von strategischen Vorgaben der Geschäftsleitung

Abb. 3.3 Digitalisierungsansätze im strategischen Planungsprozess. (Quelle: Eigene Darstellung)

---

4. Innovation Jam bei IBM

Ein Jam ist ein Online-Massen-Brainstorming. Dabei werden in einem bestimmten Zeitrahmen gemeinschaftlich Ideen erarbeitet oder Vorschläge zur Lösung von Problemen eingebracht.

So hat IBM 2006 ein Innovation Jam mit mehr als 150.000 Personen aus 104 Ländern und 67 Firmen durchgeführt. 50 Führungskräfte waren mehrere Wochen mit der Auswertung der Ideen beschäftigt. Das schnelle und wirtschaftliche Filtern der Vorschläge war eine zentrale Aufgabe des Controllings. Auf diese Weise konnten die kreativsten Ideen für den weiteren Innovations- bzw. Strategieprozess ausgewählt werden.

Ein Wort noch zu heutigen technischen Möglichkeiten, mit der Unsicherheit im strategischen Planungsprozess umzugehen: Um die ungewisse Zukunft einzufangen, werden verschiedene Entwicklungen simuliert und in sinnvollen Szenarien zusammengefasst. Grundlage der Szenariobetrachtung sind umfassende Simulationsmodelle. Diese ermöglichen es, die Auswirkungen verschiedener Veränderungen (z. B. marktseitige oder unternehmensinterne

Veränderungen) auf zentrale Unternehmenskennzahlen modellgestützt abzuleiten. Diese Modelle sind dank neuer Technologien (z. B. SAP HANA in memory Datenbanken) deutlich detaillierter und komplexer. Basis der Simulation sind die Ist-Werteflüsse bzw. -strukturen, wie sie auch im ERP-System abgebildet sind. Im Fokus steht die Veränderung zentraler Parameter (Treiber) und strukturelle Veränderungen (Maßnahmen). Ausgangspunkt ist ein Basisszenario. Dieses wird aber nicht aus der Mittelfristplanung abgeleitet, sondern der in seinem Horizont verlängerte Finanz-Forecast bildet die Grundlage. Wird die Erstellung und die Horizontverlängerung des Finanz-Forecast automatisch erzeugt, kann die Szenarioanalyse jederzeit auf Basis aktueller Daten generiert werden (vgl. Überscheidung zu den Ansätzen in 2b). Jedes modellierte Szenario umfasst ein vollständiges Datenmodell. Änderungen auf aggregierter Ebene werden aufgrund von definierten Logiken auf die darunterliegenden Ebenen verteilt. Werden beispielsweise aufgrund von Digitalisierungsprojekten Personalkostensteigerungen auf Unternehmensebene modelliert, so finden sich diese auf den einzelnen Kostenstellen des Szenarios.[3]

Kurzum: Diese Digitalisierungsansätze verschaffen den Controllerinnen und Controller die Möglichkeit, noch stärker die von den Facheinheiten entwickelten Strategievorschläge zu plausibilisieren und eigene Impulse zu setzen. Denn am Ende des strategischen Planungsprozesses wird das strategische Controlling an dessen Output gemessen – nämlich an tragfähigen, gut begründeten und verständlichen Strategie(anpassungs)entwürfen, die im Rahmen eines effizienten Verfahrens – auch angesichts kürzer werdenden Investitionszyklen – immer schneller der Geschäftsführung zur Entscheidung vorgelegt werden (müssen).

3.3 Digitalisierung strategischer Controlling-Instrumente

3.3.1 Erweiterung des Instrumenten-Inputs

Strategische Controllerinnen und Controller können auf mehr als 100 Strategie-Tools zurückgreifen, damit sie ihre Aufgaben effizient, schnell und effektiv erfüllen können (vgl. Hirt 2015). Der in der Abb. 3.4 aufgeführte Abriss strategischer Controlling-Instrumente vermittelt einen Eindruck über die Vielfältigkeit und Vielschichtigkeit dieser Instrumente.

---

[3]Vgl. Kappes und Leyk (2018), S. 8.

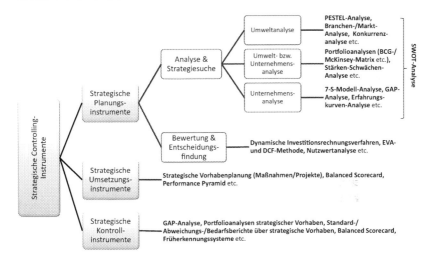

Abb. 3.4 Abriss strategischer Controlling-Instrumente. (Quelle: Eigene Darstellung)

Die Erweiterung des Instrumenten-Inputs muss im Lichte der generellen Bedeutung von Input-Größen gesehen werden: Sie sind die „Rohstoffe", die nach einer methoden- bzw. verfahrensgeprägten Verarbeitung Controllerinnen und Controllern zu einem höheren Erkenntnisniveau verhelfen sollen. Eine Befragung von Business Intelligence (BI)-Professionals verdeutlicht, dass im Zuge der Digitalisierung eine noch stärkere Nutzung in- und externer Datenquellen sinnvoll wäre. Inwieweit dies für externe Datenquellen gilt, verdeutlicht die Abb. 3.5.[4]

Externe Daten haben eine hohe Bedeutung beispielsweise bei der PESTEL-Analyse, mit der das politische, ökonomische, gesellschaftliche, technologische, ökologische und rechtliche Makroumfeld eines Unternehmens beleuchtet wird, um grundlegende Trends zu identifizieren. Ebenfalls bedeutsam sind diese zusätzlichen externen Daten bei Branchen-, Markt-, Konkurrenz- und Kundenanalysen. Hier geht es um die Einschätzung von Erfolgschancen-, aber auch -risiken im unmittelbaren Mikroumfeld. Controllerinnen und Controller dürfen sich von der Schließung dieser digitalen Umsetzungslücken eine Schärfung bzw. Spezifikation der Analyseergebnisse versprechen, um so noch besser strategischer Entscheidungen fundieren zu können.

---

[4]Vgl. Seufert et al. (2019), S. 7.

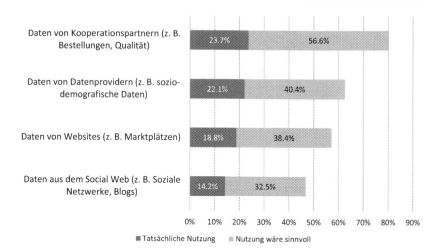

Abb. 3.5 Digitale Nutzungslücken bei externen Datenquellen. (Quelle: Studie „Digitalisierung der Wirtschaft – Herausforderung und Potenziale von BI, Big Data und Cloud", zitiert nach: Seufert et al. 2019, S. 7)

3.3.2 Business-Analytics-Fundierung von Instrumenten

Der Begriff Business Analytics (BA) umfasst Zweierlei: einerseits die Komponente „Analytics" und andererseits die Komponente „Business" (vgl. Abb. 3.6). Die erste Komponente steht für Verfahren, Methoden und Modelle zur Sammlung von Daten, Bestimmung datenbezogener Ursachen-Wirkungs-Zusammenhängen, Ergebnisvorhersage und prognose- bzw. musterbedingte Ableitung von Maßnahmen. Die Business-Komponente verdeutlicht die Nutzung der zuvor genannten Ansätze für betriebswirtschaftliche Fragestellungen, um die Entscheidungsfindung datengestützt fundieren zu können.[5]

Die strategischen Controlling-Instrumente sollten nach Möglichkeit mit diesen BA-Verfahren, -Methoden und -Modellen gestützt werden. So können die Erkenntnisse noch weiter mit Daten belegt und im Hinblick auf die Verlässlichkeit gesteigert werden. Ein Beispiel: Mithilfe der Gap-Analyse, einem althergebrachten Strategie-Tool, soll die strategische Ergebnislücke identifiziert

---

[5]Vgl. IVC (2016), S. 1.

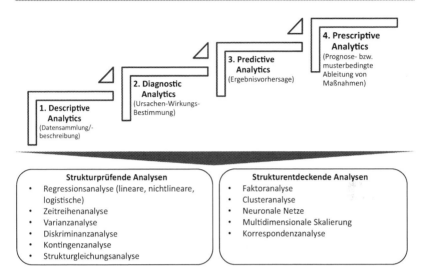

Abb. 3.6 Übersicht über Business Analytics-Verfahren, -Methoden und -Modelle. (Quelle: Vgl. ICV 2016, S. 1 f. und 8 ff.)

werden, die durch Strategien inklusive strategischer Vorhaben zu schließen ist. Dazu sind drei Einschätzungen notwendig (vgl. Abb. 3.7):

1. die Einschätzung der strategisch gewünschten Entwicklung der Steuerungsgröße wie beispielsweise des Umsatzes, sofern das Produktprogramm verändert, neue Märkte erschlossen oder der Produktionsprozess verändert wird;
2. eine Einschätzung darüber, inwieweit durch operative Vorhaben die Umsatzentwicklung hin zum strategische Gewollten bewegt werden kann, und
3. quasi als Basislinie, die erwartete Umsatzentwicklung ohne Vorhaben. Eine solche Status-quo-Fortschreibung kann konservativ auf Basis von Expertenmeinungen vorgenommen werden oder datenfundiert unter Zuhilfenahme der Regressionsanalyse aus dem BA-Instrumentenkatalog.

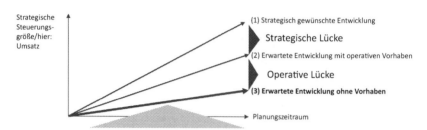

Einsatz der Regressionsanalyse zur Status-quo-Fortschreibung der Steuerungsgröße „Umsatz"

1. Ermittlung der Einflussgrößen auf die Umsatzentwicklung (Werttreiber-Modell)
2. Bestandsaufnahme von Umsatz- und Wertreiber (Empirie)
3. Ermittlung der Regressionsfunktion („Gerade durch die Punktewolke")
4. Prüfung der Güte der Regression (Bestimmtheitsmaß und F-Statistik) sowie der Stärke einzelner Einflussgrößen (t-Test)
5. Ermittlung der Schätzwerte für die Einflussgrößen und Eingabe in die Regressionsgeraden

Abb. 3.7 Fundierung der Gap-Analyse mit der Regressionsanalyse. (Quelle: Eigene Darstellung)

Die Regressionsanalyse – eigentlich ein Instrument aus der „statistischen Mottenkiste" – ist mittlerweile in der Praxis wieder angekommen. Die Deutsche Post International (DPI), die 16,4 % des internationalen Briefverkehrs auf sich vereinigt, setzt dieses Instrument und weitere Predictive-Analytics-Ansätze ein, um die Qualität bei der monatlichen Umsatzprognose in verschiedenen Teilgeschäftsfeldern zu erhöhen. Unter Qualität wird hier eine möglichst geringe Abweichung zwischen dem Prognosewert und dem tatsächlich eingetretenen (Ist-)Wert verstanden; ein solche Abweichung ist im Rahmen von Rückvergleichen (Backtesting) zu ermitteln. Die DPI konnte in fast allen Teilgeschäftsgebieten die Prognosegüte mit BA-Methoden im Vergleich zum bisherigen Prognoseansatz auf Basis einzelner, von Produktverantwortlichen bereinigter Einflussfaktoren verbessern.[6]

Wie sieht nun das prinzipielle Vorgehen aus, um die Basislinie einer Gap-Analyse, d. h. die erwartete Umsatzentwicklung ohne operative oder strategische Vorhaben, mittels Regressionsanalyse zu schätzen? (vgl. 5.).

---

[6]Vgl. Deipenbrock et al. (2019), S. 46 ff.

5. Gap-Analyse mithilfe der Regressionsanalyse

Um im Rahmen der Gap-Analyse die erwartete Umsatzentwicklung mittels Regressionsanalyse schätzen zu können, sind zunächst die Einflussgrößen auf die Umsatzentwicklung zu ermitteln (Modell von Werttreibern wie z. B. Anzahl der Bestandskunden und Anzahl der Neukunden) und die (notwendigen) Annahmen zu klären. Als wichtige Annahmen müssen die Linearität der Verhältnisse und die Unabhängigkeit der Größen geklärt werden. Danach sind Vergangenheitswerte von Umsatz- und Einflussgrößen zu erheben. Auf dieser Datenbasis wird dann die Regressionsfunktion ermittelt, d. h. eine Gerade durch die Punktewolke gelegt (Beispiel: Umsatz $= 1000 + 11 \times$ Anzahl der Bestandskunden $+ 3 \times$ Anzahl der Neukunden). Damit diese Funktion für die Prognose angemessen verwendet werden darf, muss die Güte der Regression anhand des (angepassten) Bestimmtheitsmaßes und des F-Tests geprüft werden. Anhand des t-Tests wird zudem der signifikante Zusammenhang zwischen Umsatz und den einzelnen Einflussgrößen ermittelt. Sofern danach die „Tauglichkeit" sowohl der Funktion insgesamt als auch der Einflussgrößen angenommen werden, sind Schätzwerte für die Einflussgrößen durch Facheinheiten (z. B. Marketing & Vertrieb) zu ermitteln und zwecks Prognose in die Funktion einzugeben. In der Praxis kann ein solche Regressionsanalyse zur Fundierung der Gap-Analyse mit dem „Aller-Welts-Tool" Excel durchgeführt werden.[7]

Bei „Prescriptive Analytics" geht es darum, nicht nur Vorhersagen über Entwicklungen zu treffen, sondern automatisiert fundierte Entscheidungsempfehlungen vor dem Hintergrund bestehender Ziele, Anforderungen und Beschränkungen zu erzeugen. Im Gegensatz zu „Predictive Analytics" werden Geschäftslogiken verwendet. Sie definieren, wie eine Entscheidung bei vorhandenen Daten getroffen werden.[8]

Kurzum: Mit BA-Instrumenten können Controllerinnen und Controller bisher unbekannte Ursache-Wirkungs-Zusammenhänge erkennen und somit die Treffgenauigkeit der eigenen Prognosen erhöhen; hinzukommen automatisch

---

[7]Vgl. Langmann (2018), S. 38 ff.
[8]Vgl. Kappes und Leyk (2018), S. 8.

generierte Entscheidungsempfehlungen. Trotz der höheren Treffsicherheit hat das strategische Controlling die Prognosen kritisch zu überprüfen, da sich Trends und Prognosen aufgrund der Vielzahl der Faktoren schnell ändern können.

3.3.3 Digitale Vernetzung von Instrumenten

Digitale Optimierungspotenziale resultieren nicht nur aus der Erweiterung des Instrumenten-Inputs und der BA-Fundierung der Instrumente, sondern auch aus der digitalen Vernetzung der Instrumente, um Effizienz- und Beschleunigungseffekte zu erzielen. Eine solche Vernetzung kann einerseits in der automatischen Extraktion bedeutsamer Ergebnisse eines Instruments und der Weiterleitung an im Prozessablauf nachfolgende Instrumente bestehen. Nicht zu vernachlässigen ist andererseits der automatische Anstoß von (Standard-)Berechnungen.

Ein Beispiel für die zuerst genannte automatische Ergebnisextraktion und -weiterleitung ist die Verknüpfung der SWOT-Analyse mit den spezifischen Instrumenten zur Umwelt- und Unternehmensanalyse (vgl. Abb. 3.8). Die SWOT-Analyse – speziell in Form der TOWS-Matrix – würde hier als „Sammler" der wichtigsten Ergebnisse, sprich Unternehmens- und Umweltfaktoren, fungieren. Denn nur hierauf aufbauend sind die in den inneren vier Feldern aufgeführten Standard- oder Normstrategien zu spezifizieren.

Zu den automatisch durchzuführenden Berechnungen gehören beispielsweise die Anwendung von dynamischen Investitionsrechnungsverfahren. Danach sind strategische Vorhabenideen obligatorisch (monetär) zu bewerten. Voraussetzung ist, dass Vorhabenverantwortliche die vermeintlichen Ein- und Auszahlungen für bestimmte Zeiträume schätzen und in einem bestimmten Format erfassen würden. Auf Basis der vom Controlling vorgegebenen Standardparameter wie etwa eines Mischzinssatzes Weighted Average Cost of Capital (WACC) oder bestimmter Korrekturfaktoren würden dann automatisch Szenariorechnungen über Kapitalwerte, Annuitäten, Interne Zinsfüße oder Amortisationszeiten angestoßen. Dieser Automatismus würde ein Effizienzschub beim Bestreben bedeuten, ein umfänglicheres Bild über die Erfolgsaussichten der Vorhaben zu schaffen und damit die Auswahl vorteilhafter strategischer Vorhaben auf eine breitere Grundlage zu stellen. Die nachfolgende Box zeigt, wie die Vernetzung von Instrumenten zu einem umfassenden Bild eines Unternehmens führt (vgl. 6.).

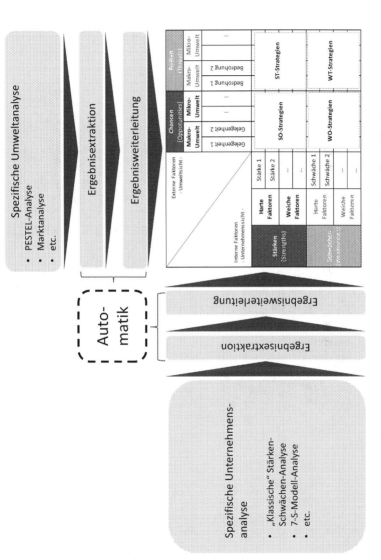

Abb. 3.8 Digitale Vernetzung der SWOT-Analyse mit anderen Analysetools. (Quelle: Eigene Darstellung)

6. SWOT-Analyse und Text Mining

Automatisiertes Text-Mining kann die herkömmlichen strategischen Controlling-Instrumente sehr gut ergänzen. Während Management-Tools und Business Analytics bisher getrennt voneinander entwickelt wurden, ist es von Interesse, ob sich die Vorteile beider Verfahren kombinieren lassen. Am Beispiel aus der US-Energiebranche kann gezeigt werden, wie die Analyse von Unternehmensnachrichten die wichtigsten Probleme identifiziert, mit denen ein Unternehmen konfrontiert ist.[9] Der Ansatz wertet firmenbezogene Informationen, wie z. B. aufsichtsrechtliche Offenlegungen, Finanzberichte, Pressemitteilungen oder Nachrichtenberichte aus. Damit wird die interne Funktionsweise von Unternehmen aufgedeckt. In einem ersten Schritt werden auf Basis der Themenmodellierung Cluster innerhalb des Informationsmaterials identifiziert. Diese spiegeln die managementrelevanten Themen in den Unternehmen wider und beziehen sich oft auf aktuelle Herausforderungen. Im Beispiel der analysierten US-Unternehmen geht es unter anderem um das strategische Thema der Nachhaltigkeit. In einem zweiten Schritt wird die Art und Weise der linguistischen Darstellung in Abhängigkeit von vordefinierten Dimensionen numerischen Scores zugewiesen. Dies ermöglicht es dem Praktiker, Leistungsindikatoren auf einer Risiko-Optimismus-Matrix abzubilden, die das Ergebnis in einer visuellen Form darstellt. Im Fallbeispiel wird festgestellt, dass die finanziellen Angaben häufig einem sehr optimistischen Ton folgen, während die Angaben zu den Produktionsaussichten einen relativ hohen Risikofaktor aufweisen. Auf diese Weise können die einzelnen Firmen in Bezug auf ihre internen Stärken und Schwächen mit den Wettbewerbern verglichen werden. Gleichzeitig hilft ein solches Vorgehen den Verantwortlichen für das Finanzmanagement, bevor Investitionen getätigt werden.

Ein wesentlicher Vorteil besteht darin, dass Text Mining keine manuellen Auswertungen erfordert, sondern sich auf rechnerische Routinen stützt. Dadurch erhöht es die Geschwindigkeit, mit der solche Analysen durchgeführt werden. Zudem erlaubt ein solcher Ansatz einen granularen Einblick, da es Empfehlungen auf der Ebene von Geschäftseinheiten, Aktivitäten und Prozessen geben kann. Schließlich führt das strategische Management oft Analysen entlang vorgegebener Dimensionen durch, während die vernetzte Methode gemeinsame Themen selbst identifiziert und so eine ganzheitliche Analyse ermöglicht.

---

[9]Vgl. Pröllochs und Feuerriegel (2020).

3.4 Digitalisierung von Steuerungssystemen

3.4.1 Digitale Vernetzung strategischer und operativer Planungssysteme

Strategien inklusive der strategischen Vorhaben beziehen sich auf einen mehrjährigen Planungs- und Umsetzungshorizont und müssen in operative, meist einjährige Pläne überführt werden. Dadurch soll eine zielgerichtete Umsetzung gewährleistet werden. Eine solche Planvernetzung ist eine Koordinationsaufgabe, die das strategische Controlling zusammen mit dem operativen Controlling zu erledigen hat. Eine automatische Überführung der strategischen Planung in das System operativer Pläne würde die Arbeit erleichtern – insbesondere dann, wenn eine Vielzahl von Plänen betroffen ist. Einen Überblick inklusive der Planvernetzung liefert die Abb. 3.9.

In der Praxis wären für eine wirksame Kontrolle und Steuerung mitunter eine noch höhere Planungsgranularität, sprich Teilpläne, erforderlich. Denn Verantwortungsbereiche („Bereichsbudgets") oder die Entwicklung einzelner Kostenarten („Kostenbudgets") sollten deutlich werden, damit eine gezielte Um- oder Gegensteuerung möglich wird.

3.4.2 Digitale Vernetzung von Steuerungssystemen

Ein Unternehmen ist aus verschiedenen Perspektiven zu steuern. Hierfür ist der Begriff Steuerungskreise geprägt worden (vgl. Abb. 3.10). Vorrang sollte der betriebswirtschaftliche (unternehmensinterne) Steuerungskreis haben. Bei diesem geht es um die Erreichung ökonomischer Ziele (Profit). Im Falle einer nachhaltigen Unternehmensführung kommen auch soziale (People) und ökologischer Ziele (Planet) hinzu. Die Verfolgung dieser drei P-Ziele wird auch mit dem Tripple Bottom-Line-Ansatz umschrieben.

Da Unternehmen jedoch einen Jahresabschluss zu erstellen haben, ist ein weiterer Steuerungskreis zu berücksichtigen: der handelsrechtliche oder bilanzielle Kreis. Er stellt quasi eine Nebenbedingung dar. Aufgrund von Rechnungslegungsvorschriften müssen die Ausweise von Erfolgen aus diesem Kreis mit dem primären nicht immer korrespondieren.

Nach dem Handelsgesetzbuch (HGB) ist beispielsweise das Imparitätsprinzip einzuhalten, wonach unrealisierte Gewinne im Jahresabschluss nicht ausgewiesen werden dürfen, unrealisierte Verluste jedoch zwingend gezeigt werden müssen. Aufgrund der Publikumswirkung veröffentlichter Bilanz- und GuV-Daten – bei

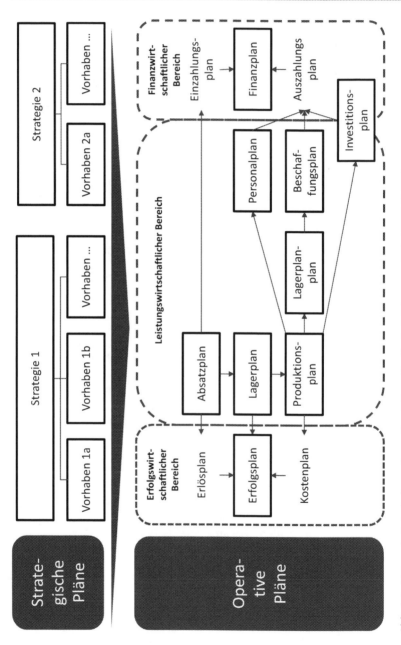

Abb. 3.9 Netzwerk strategischer und operativer Pläne. (Quelle: In Anlehnung an Olfert 2017, S. 121)

kapitalmarktorientierten Unternehmen kommen noch ein Eigenkapitalspiegel, eine Kapitalflussrechnung und freiwillig ein Segmentbericht dazu – sind bei ökonomischen Entscheidungen im Rahmen des betriebswirtschaftlichen Steuerungskreises die mitunter limitierenden Effekte im handelsrechtlichen Kreis zu beachten. Bestimmte Branchen wie etwa die Kreditwirtschaft haben noch einen dritten, einen aufsichtsrechtlichen (regulatorischen) Steuerungskreis, zu integrieren. Kreditinstitute müssen beispielsweise (kennzahlengestützte) Eigenkapital- und Liquiditätsvorgaben einhalten. Die Banken berichten im Rahmen eines standardisierten Meldewesens an die Bankenaufsicht und verfassen für die Öffentlichkeit einen jährlichen Offenlegungsbericht.

Das Controlling könnte das Management bei der Gesamtsteuerung eines Unternehmens erheblich entlasten, wenn diese Steuerungskreise aufgrund automatischer Schnittstellen vernetzt wären. Wenn ein Unternehmen beispielsweise eine Produktentwicklungsstrategie mit einer Veränderung der Produktionsstrukturen auf den Weg bringen möchte, würde eine automatische parallele Simulation der Auswirkungen in diesen Steuerungskreisen eine Entscheidungsvorbereitung durch das strategische Controlling beschleunigen. Separate, hintereinander geschaltete, steuerungskreisspezifische Berechnungen sind aufwendiger, dauern länger und unterliegen im Falle einer manuellen Durchführung der Gefahr von Falscheingaben.

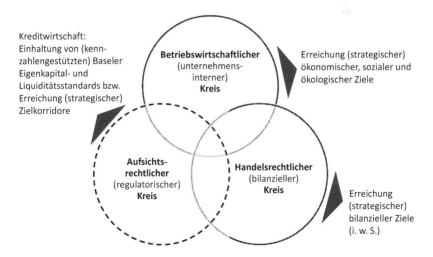

Abb. 3.10 Steuerungskreise in Unternehmen. (Quelle: Eigene Darstellung)

Ansätze zum Controlling der Digitalisierung

4.1 Digital-Business-Management-Modell als Rahmen für die Ansätze

Strategische Controllerinnen und Controller haben nicht nur die dargestellten Ansätze „zur" Digitalisierung, sprich die „Digitalisierung des Controllings", im Auge zu behalten, sondern auch die Ansätze „aus" der Digitalisierung – und zwar der Geschäftsmodelle. Wenn die digitale Weiterentwicklung der Geschäftsmodelle erfolgreich verlaufen soll, dann ist ein „Strategisches Controlling der Digitalisierung" notwendig.

In diesem Zusammenhang ist die Rationalitätssicherungs- und Change-Agent-Funktion des Controllings gefragt. Danach haben Controllerinnen und Controller dafür Sorge zu tragen, dass die richtigen strategischen „digitalen" Weichen gestellt werden. Dafür ist ein Know-how-Aufbau über Chancen und Risiken digitaler Geschäftsmodelle erforderlich. Nur dann sind sie in der Lage, Strategievorschläge angemessen zu beurteilen, inwieweit diese den Digitalisierungsanforderungen gerecht werden und das Geschäftsmodell digital zukunftsfest machen. Mitunter müssen sie sogar selbst strategische Initiativen auf den Weg bringen, wenn die eigentlich verantwortlichen strategischen Geschäftseinheiten keine Impulse liefern.

Auch wenn die „Digitalisierung" in verschiedenen Ausprägungen die Unternehmen in allen Branchen beherrscht, so sind doch weder Inhalt noch Folgen abschließend klar. Die Reichweite kann sowohl die operative Ebene betreffen, wo es um Automatisierungsthemen im Kerngeschäft geht. Sie kann sich aber auch auf die strategische Ebene beziehen, die eine Neuausrichtung des Geschäftsmodells umfassen kann. An welcher Stelle eines Geschäftsmodells sollte strategisch angesetzt werden, damit eine solche Neuausrichtung gelingt? Baumöl und Bockshecker schlagen ein Digital-Business-Management-Modell (DBM) vor,

 S. Abée et al., *Strategisches Controlling 4.0*, essentials, https://doi.org/10.1007/978-3-658-30026-5_4

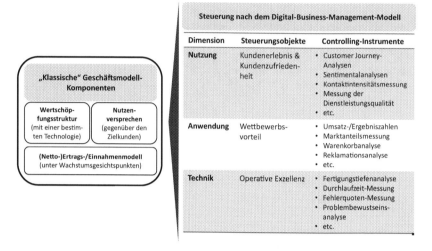

Abb. 4.1 Steuerungsansätze im Digitalisierungszeitalter nach dem DBM. (Quelle: Vgl. Baumöl und Bockshecker 2018, S. 6 ff.)

wonach die Dimensionen „Nutzung", „Anwendung" und „Technik" und damit bestimmte Steuerungsobjekte und Controlling-Instrumente in den Mittelpunkt zu stellen sind.[1] In gewisser Hinsicht handelt sich um eine Schwerpunktsetzung bei den schon bekannten und grundsätzlich aufgeführten Komponenten eines Geschäftsmodells (vgl. Abb. 4.1).

4.2   Steuerung im Rahmen der Nutzungsdimension

Die Nutzungsdimension jetzt in den Vordergrund zu stellen, wird mit deren Bedeutung für die Gesellschaft und Individuen in der Digitalisierungsdebatte begründet. Als Beispiel sei die Forderung nach Personalisierung und Flexibilität angeführt. Erst durch sie „entsteht auch die Nachfrage nach mobilen Geräten und spezifischen Profilen".[2] Entsprechend ist das Geschäftswachstum über Kundenerlebnis und Kundenzufriedenheit zu steuern. Das Besondere daran ist, dass in der digitalen Welt das Kundenerlebnis bei einem Produkt einer oder Dienst-

---

[1]Vgl. Baumöl und Bockshecker (2018), S. 6 ff.
[2]Vgl. Baumöl und Bockshecker (2018), S. 4.

leistung schon lange nicht mehr erst bei der Nutzung nach dem Kauf beginnt, sondern schon beim Entdecken. Controllerinnen und Controller können bspw. mit Customer-Journey-Analysen die Phasen des Kundenerlebnisses vom Entdecken über das Untersuchen, Auswählen, Entscheiden, Kaufen bis hin zum Nutzen nachzeichnen und Optimierungspotenziale bei der Angebotsgestaltung identifizieren. Ein weiteres Tool wäre die Kontaktintensitätsmessung bspw. mittels Online-Kennzahlen, die zudem mit klassischen Kennzahlen verknüpft werden können.[3] Ein kritischer Faktor für Unternehmen ist die Ausrichtung der Produktentwicklung auf das Kundenfeedback (vgl. 7.).

7. Produktentwicklung mit dem Kunden

Im Zeitalter der Digitalisierung ändern sich Trends und Technologien so rasant, dass ein Business Development Process, der nicht iterativ und explorativ ist, nicht mehr funktionieren kann. Als risikolosere und zudem kostengünstigere Möglichkeit bieten sich lernorientierte Zyklen wie der Build Measure Learn Feedback Loop an. Dabei handelt es sich um einen wiederkehrenden Zyklus, bei dem das Produkt nur bis zur nächsten Marktreife (Minimum Viable Product) verbessert wird, um dann Feedback von (potenziellen) Kunden einzuholen. Das Unternehmen lernt damit die Kundenbedürfnisse besser kennen, sodass das Testen von Neuerungen und neuen Ideen immer vom Kunden(nutzen) ausgehen wird (Design Thinking).

Wenn Produktentwicklung heutzutage nicht mehr das Lösen von technischen Problemen, sondern das Perfektionieren des Kundenerlebnisses ist (wie etwa bei Airbnb), dann müssen sich Unternehmen zwangsläufig noch mehr mit ihren Kunden und dessen Wünschen beschäftigen. Kundendaten müssen gesammelt und ausgewertet werden, um individualisierte Produkte und Services bzw. relevantes Cross-Selling anbieten zu können. Dafür sind Investitionen in eine Erweiterung des Instrumenten-Inputs sowie deren Business-Analytics-Fundierung notwendig (vgl. Abschn. 3.3). In den folgenden Dimensionen soll es darum gehen, wie ein Unternehmen die Kundenwünsche in ein neues Geschäftsmodell überführt.

---

[3]Vgl. Egle und Keimer (2018), S. 52.

4.3 Steuerung im Rahmen der Anwendungsdimension

Die Anwendungsdimension der Digitalisierung rückt insofern in den Vordergrund, als dass Digitization, Digitalization und digitale Transformation in Wirtschaft und Rechtssystem gewollt und erlaubt ist. Vernetzte Wertschöpfung ist bspw. nur in einem Umfeld deregulierter Märkte oder einer Smart Factory nur mit entsprechenden Arbeitskonzepten möglich. Hier sind Wettbewerbsvorteile durch innovative Techniklösungen anzustreben; nur dann wird für den Kunden ein Nutzen generiert, der nicht nur für ihn ein Mehrwert im Verhältnis zum Preis generiert, sondern auch für das Unternehmen zu einem Wertbeitrag führt (Economic Value Added). Als Instrumente zur Messung der Wettbewerbsvorteile kommen „Klassiker" wie die Marktanteilsmessung als Spätindikatoren, aber auch Warenkorbanalysen zur frühzeitigen Indikation der Kundenbedürfnisse infrage.

Das Erzielen von Wettbewerbsvorteilen setzt voraus, dass die Umsetzung der Kundenwünsche realisierbar ist. Das gilt umso mehr für die Anwendung im Unternehmen. Dabei geht es um Fragen der Einordnung in die bestehende Strategie, des Budgets oder der Entscheidungsstrukturen.

Das strategische Controlling hat die Wertschöpfung der Daten sicherzustellen. Die zugrunde liegende Datenstrategie umfasst die Input-Quellen (z. B. zur Wettbewerberanalyse) und deren Integration sowie die Speicherung und Bereitstellung (vgl. Abschn. 3.2). Daten werden zu einem eigenen „Produkt" (inkl. Lebenszyklus), mit dem sich das Unternehmen vom Wettbewerb digital abgrenzen kann. Wettbewerb findet in Zukunft nicht mehr zwischen Produkten und Prozessen, sondern aus ganzheitlicher Perspektive zwischen Geschäftsmodellen statt.[4] Die Generierung von Kundennutzen durch „gute", erlebnisreiche Produkte muss immer stärker durch „gute" Organisation und Technik gestützt sein.

4.4 Steuerung im Rahmen der Technikdimension

Im Rahmen der Technikdimension ist die operative Exzellenz anzustreben. Was nützt eine hervorragende Kundenschnittstelle und ein innovatives Produkt, wenn am Ende die Lieferung der Leistung nicht wie versprochen erfolgt. Wie bei der Anwendungsdimension kann eine Steuerung auf Basis althergebrachter

---

[4]Vgl. Gassmann et al. (2017), S. 12 ff.

Controlling-Instrumente wie etwa einer Durchlaufzeiten- oder Fehlerquoten-messung erfolgen.

Falls im Rahmen von Messungen unzureichende Wertschöpfungsprozesse erkannt werden, wie sollten Lösungen entwickelt werden, damit eine operative Exzellenz erreicht wird? Am Beispiel von digitalen Anwendungslösungen soll ein Vorgehen skizziert werden (vgl. 8.).

8. Wertbeitrag von digitalen Anwendungslösungen

Die bekannten Methoden zur Anforderungserhebung im Rahmen der Softwareentwicklung reichen nicht aus, um Innovationen zu fördern. So kann die SWOT-Analyse bestehende Schwachpunkte einer existierenden Lösung ermitteln. Es wird aber nicht klar, wo die Hauptprobleme liegen. Für neue zu entwickelnde Lösungen – wenn zum Beispiel Technologien der Künstlichen Intelligenz zum Einsatz kommen sollen – trägt der Ansatz kaum. Hinzu kommt die besondere Schwierigkeit, den Return on Investment (RoI) von Datenprojekten und Datentechnologien zu messen.

Für die Einführung einer digitalen Anwendungslösung in einem Unternehmen ist ein konzeptioneller Strukturierungsrahmen erforderlich. Er dient dazu, das Vorhaben ganzheitlich zu beschreiben, zu analysieren und zu bewerten. Dies geschieht in einer übersichtlichen Art und Weise. In der Praxis finden sich verschiedene solcher Strukturierungsrahmen. Abb. 4.2 zeigt einen Canvas-Strukturierungsrahmen für den Fall der Einführung von maschinellem Lernen (ML) in der Geldwäscheprävention. Der Strukturierungsrahmen besteht aus insgesamt 12 Elementen.

Der Canvas-Strukturierungsrahmen stellt das Nutzenversprechen in den Mittelpunkt. Zudem werden alle weiteren wesentlichen Punkte der Werteermittlung, einschließlich der finanziellen Aspekte einbezogen. Zudem können auf dieser Basis Handlungsempfehlungen abgeleitet werden. Der Vorteil besteht darin, den Entscheidungsprozess bei einer ML-Investition frühzeitig zu strukturieren. Dies gilt sowohl für das Management, das wissen möchte, ob sich ein ML-Vorhaben einen Mehrwert bietet. Dies gilt aber auch für die Techniker, wenn es beispielsweise um die gemeinsamen Definitionen geht. Daher ist das Instrument auch geeignet für die Kommunikation.

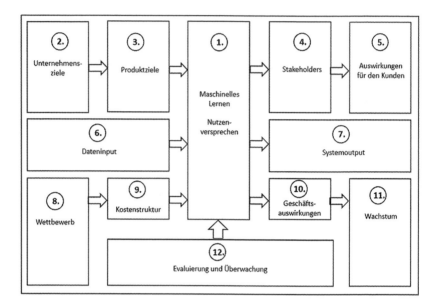

Abb. 4.2 Strukturierungsrahmen eines ML-Vorhabens. (Quelle: Andrae 2019, S. 24)

4.5   Fallbeispiel für digitale Ziele und Strategien

Ein Controlling der Digitalisierung eines Geschäftsmodells beginnt mit der Entwicklung digitaler Ziele und Strategien, welche von einem strategischen Controlling zu koordinieren wäre. Wie könnten ein solches Ziele- und Strategiegefüge auf Basis des DBM aussehen? – Anhand eines Fallbeispiels soll dies gezeigt werden (vgl. Abb. 4.3).

Ein Unternehmen verfolgt das strategische Ziel, umsatzstärkster Anbieter mittels verstärktem Online-Handel zu werden (digitales Wachstumsziel). Um dies zu erreichen, sind die Steuerungsobjekte „digitale(s)" Kundenerlebnis und Zufriedenheit sowie operative Exzellenz positiv zu beeinflussen. Wichtig wird es für Unternehmen sein, die Wirkungen der Steuerungsobjekte zu verstehen und entsprechend auszubalancieren. Werden Veränderungen etwa beim Kundennutzen festgestellt, hat dies Auswirkungen auf die Wettbewerbsvorteile gegenüber Mitbewerbern und/oder die operative Exzellenz. Die vorhandenen Strukturen und die eingesetzten IT-Lösungen sollten dann umgehend auf ihre Effizienz hin untersucht werden.

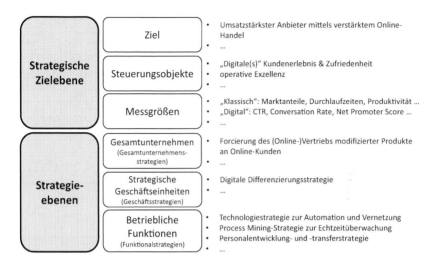

Abb. 4.3 Fallbeispiel für digitale Ziele und Strategien. (Quelle: Eigene Darstellung)

Getreu dem Motto „If you can't measure it, you can't manage it", sind für diese Steuerungsobjekte Messgrößen zu definieren. Neben „klassischen" Größen wie Marktanteile, Durchlaufzeiten oder Produktivität wären dies im digitalen Zeitalter beispielsweise folgende Größen:

- **Click-Through-Rate (CTR; Klickrate):** Anzahl der Klicks auf einem Werbebanner zur Gesamtanzahl der Banner-Anzeigen.
- **Conversation Rate:** Verhältnis der Besucher einer Website und zu bestimmten Zielen wie Kauf von Produkten oder Downloads.
- **Net Promoter Score:** Bewertung der Kundenzufriedenheit auf Basis einer einfachen, standardisierten Umfrage.

Zur Erreichung dieser Ziele sind Strategien auf verschiedenen Planungsebenen zu entwickeln (3-Ebenen-Modell der Strategieentwicklung); zusammen ergeben sie ein strategisches Programm. Dies könnte eine Forcierung des (Online-)Vertriebs modifizierter Produkte an Online-Kunden auf Gesamtunternehmensebene sein; je nach Ausprägung wäre dies eine Produktentwicklungs- oder Marktdurchdringungsstrategie nach dem Strategiekonzept von Harry Igor Ansoff, einem bereits verstorbenen US-amerikanischen Wirtschaftswissenschaftler russischer Abstammung. Auf der Ebene der strategischen Geschäftseinheiten können eine digitale Differenzierungsstrategie fixiert werden. Auf der dritten Ebene der betrieblichen Funktionen könnten folgende Funktionalstrategien stehen: eine Technologiestrategie, die eine Automation und Vernetzung der Leistungserstellungs- und Vertriebsprozesse zum Gegenstand hat, eine Process-Mining-Strategie, sodass die Geschäftsprozesse auf Basis von IT-Systemen in Echtzeit überwacht und vermeintliche Ineffizienzen und Fehler schnell erkannt werden können. Zudem wäre auch eine Personalstrategie zur Personalentwicklung und zum internen Personaltransfer in Auge zu fassen, denn automatisierte Prozesse sind anders zu handhaben; zudem bedeutet Automation auch Personalfreisetzung.

Gestaltung des Entwicklungsprozesses hin zum strategischen Controlling 4.0

5

5.1 Kulturwandel hin zum Trial-and-Error

In welchem Geist, in welcher Kultur sollten aufgezeigte Ansätze zur Digitalisierung des Controllings und zum Controlling der Digitalisierung angegangen werden? Digitalisierung ist kein zeitlich begrenztes Projekt, sondern eine Daueraufgabe, die mit Veränderung einhergeht. Viele Unternehmen aber insbesondere die Menschen haben Respekt vor dieser Veränderung. Eine Kultur des Trial-and-Error als Methode ist zu empfehlen, um mit der Digitalisierung einhergehenden Unsicherheit umzugehen. Strategische Controller müssen bei einer solchen Kultur die dominante Ergebnissicht in den Hintergrund treten lassen. Wegen der mit der Digitalisierung einhergehenden Unsicherheit lassen sich Ergebnisse schwer planen. Aus diesem Grund werden die Prozesse als Steuerungsobjekte wichtiger. Bei hoher Unsicherheit tritt die Effizienz der Organisation nicht langfristig, aber kurzfristig in den Hintergrund. Die Innovation und die Tragfähigkeit der Lösungen stehen im Vordergrund.

In einer Kultur des Trial-and-Error müssen Fehler erlaubt sein. Dies spiegelt sich auch in den Entscheidungs- und Lernzyklen wider, wie sie bei Google wahrzunehmen sind (vgl. 9). Dass die Etablierung eines neuen Mindsets nicht einfach ist und schon gar nicht mit der Einführung einer neuen Technologie getan ist, zeigt das Beispiel der Bundeswehr (vgl. 10).

Damit das Trial-and-Error-Vorgehen in der Controlling-Praxis möglichst effizient, effektiv und insgesamt „gesteuert" verläuft, sind trotz der generell gebotenen kreativen Freiheitsgrade drei Ansätze zu empfehlen: Erstens sollten Controlling und insbesondere die IT eng zusammenarbeiten; auf die zunehmende

© Der/die Herausgeber bzw. der/die Autor(en), exklusiv lizenziert durch
Springer Fachmedien Wiesbaden GmbH, ein Teil von Springer Nature 2020
S. Abée et al., *Strategisches Controlling 4.0*, essentials,
https://doi.org/10.1007/978-3-658-30026-5_5

Bedeutung des IT-Bereichs wird noch eingegangen (vgl. Abschn. 5.2). Um die richtigen „Aufsetzpunkte" für die controlling-spezifischen Entwicklungsarbeit zu finden und die Gefahr zu bannen, dass das „Rad neu erfunden" wird, sind zweitens der Erfahrungsaustausch mit anderen Unternehmen sowie die Aufarbeitung der Erkenntnisse aus Controller*innen-Vereinigungen, Wissenschaft und Seminarbesuche zu empfehlen. Auch das zumindest temporäre Engagement externer Beraterinnen und Berater kann den Ritt auf der Lernkurve beschleunigen. Drittes erscheint die Festlegung eines F&E-Budgets für das Controlling ein probates Mittel, um die Kosten nicht aus dem Ruder laufen zu lassen. Es liegt auf der Hand, dass die Ausnutzung dieses Budgets – im Sinne eines echten Trial-and-Error-Vorgehen – flexibel gestaltet werden sollte.

9. Entscheidungs- und Lernzyklen bei Google

Der als Suchmaschine gestartete Internetriese Google hat das World Wide Web maßgeblich geprägt und dabei über 200 unterschiedliche Produktangebote entwickelt. Neben bekannten Produkten wie der Google Search Engine, Youtube oder dem Android-Betriebssystem verzeichnet Google auch zahlreiche weniger erfolgreiche Angebote wie z. B. das soziale Netzwerk Google+.

Unternehmen wie Google setzen ihre Ressourcen dabei flexibel und schnell dort ein, wo ein (zukünftiger) Kundennutzen bzw. Unternehmenswachstum vermutet wird. Konsequenterweise wird der Fortschritt von Projekten in kurzen, regelmäßigen Zyklen ausgewertet. Hierzu hat das Unternehmen standardisierte Entscheidungsprozesse – ähnlich denen in Risikokapitalmodellen – implementiert, um die Ressourcen (Menschen, Technologie und Kapital) schnell zwischen den verschiedenen Projekten zu verlagern.

10. Kulturelle Herausforderung Digitalisierung bei der Bundeswehr

Dass die kulturelle Herausforderung der Digitalisierung mindestens so umfassend wie die technische ist, zeigt auch das Beispiel der Bundeswehr. Durch den digitalen Wandel gezwungen, baut die Bundeswehr auf der einen Seite eine Cyber-Einheit auf, die die Bundesrepublik bzw. deren Infrastruktur vor Gefahren aus dem Internet wie etwa Hackerangriffen verteidigen soll. Auf der anderen Seite soll auch das Controlling und Rechnungswesen der Wehrbürokratie digitalisiert werden. Das Verteidigungsministerium musste jedoch kürzlich einräumen, dass viele Mitarbeiter die neue Software „SASPF", deren jährliche Betriebskosten ca. 85 Mio. € betragen, nicht immer prozesskonform nutzen. Daher sollten Organisationen zu allererst beim Nutzungsverhalten der Anwender ansetzen und ihre Mitarbeiter für die Chancen der Digitalisierung sensibilisieren. Denn nur wenn alle Mitarbeiter auch in die Gestaltungsprozesse eingebunden werden, kann permanent etwas Neues entstehen.

5.2 Strategiewandel

In der Vor-Digitalisierungszeit zeichneten sich erfolgreiche Unternehmen durch eine Stabilität fördernde Strategie aus, die mit einer traditionellen Organisation (hierarchisch, silobasiert etc.) einherging. Digitalisierung verursacht nun allerdings den Handlungsdruck, die Stabilität um die Faktoren Geschwindigkeit und Anpassungsfähigkeit zu ergänzen. Die Halbwertzeit von Strategien nimmt ab – der Wandel nimmt zu.

Zahlreiche Studien untersuchen hierzu die relevanten Merkmale von sog. „agilen" Unternehmen (wie etwa die Unternehmensberatungsgesellschaft McKinsey). Diesen ist gemein, dass sie u. a. eine klare Kundenzentrierung, flache Strukturen mit schnellen Entscheidungen und interdisziplinäre Teams haben. Nur so sind sie in der Lage, auf Veränderungen der Nachfragemuster, die Einführung disruptiver Technologien und die rasant wachsenden Datenmengen zu reagieren. Der Übergang ins digitale Zeitalter bedarf nicht nur eines neuen Mindsets, wie im vorhergehenden Abschnitt dargestellt, sondern auch einer grundsätzlichen neuen Strategie, bei der die Koordinationsfunktion des strategischen Controllings eine weitere Aufwertung erfährt. Es sollte etwa die Daten bzw. Erkenntnisse der bisher getrennten Silos zusammenführen (z. B. zu einer Omnichannel-Strategie) und bestehende Insellösungen beim Technologieeinsatz beseitigen. Der Strategiewandel kann am besten anhand der neuen Rolle der IT-Abteilung verdeutlicht werden (vgl. 11.).

11. Die neue Rolle der IT-Abteilung
Die IT-Abteilung war traditionell nur mit der Umsetzung von Projekten betraut, über deren Prioritäten und Budget andere Abteilungen bestimmten. So existieren in vielen Unternehmen immer noch gesonderte IT-Abteilungen, und der CIO berichtet an den CFO. In der digitalen Welt verschmelzen IT und Business idealerweise miteinander. Der IT kommt eine aktive und gestaltende Rolle zu. Folgende Trends sind absehbar, die alle wesentlichen Konsequenzen für die Organisation des Controllings haben werden:

- Der Einfluss der IT im Bereich der Datenanalyse nimmt zu.
- Die IT hat in Sachen Verbraucherschutz und Datensicherheit (digital trust) große Kompetenz.
- Die IT-Abteilung muss sich mit den Anforderungen und Anwendungen vertraut machen, die die anderen Abteilungen im Unternehmen benötigen.
- Die IT wird ihre Kompetenzen im Bereich Datenwissenschaft ausbauen (vgl. in Abgrenzung zum Controlling Abschn. 5.3).

Um der geforderten Flexibilität gerecht zu werden, sollte der IT-Abteilung einen höheren Stellenwert im Geschäftsmodell eingeräumt werden und mit einem gesonderten „Innovationsbudget" ausgestattet werden. Nur wenn innovative Ideen zügig umgesetzt werden können, kann das Unternehmen in der digitalen Ära bestehen.

5.3   Kompetenzwandel im strategischen Controlling

Für die Weiterentwicklung des Controllings hin zu einer „4.0-Variante" sind Digitalkompetenzen wie (digitale) Geschäftsmodell-, IT- und Data-Science-Kompetenzen notwendig. Wie kann dieser Kompetenzwandel gestaltet werden? Grundlegend kommen drei Varianten infrage, wie sie aus der Abb. 5.1 hervorgehen.

Der generelle Kompetenzaufbau (1) bei allen strategischen Controllerinnen und Controllern dürfte angesichts der Komplexität und dem spezifischen Anwendungsbereich gerade von Business-Analytics-Tools nicht zu empfehlen sein, auch wenn diese Anforderung zum Teil Ausfluss der laufenden Diskussion

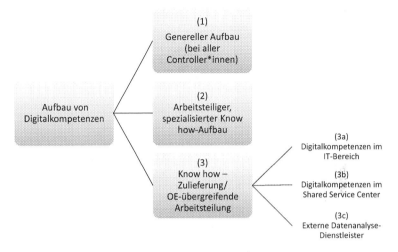

Abb. 5.1 Aufbau von Digitalkompetenzen im Strategischen Controlling 4.0. (Quelle: Eigene Darstellung)

ist. Nach der wird ein grundlegendes Kompetenzprofil „Digitale/r Controller*in" gefordert, „das sich aus klassischen Controlling-Kompetenzen, aber zunehmend auch aus ausgewiesenen statischen, technischen und persönlichen Kompetenzen zusammensetzt".[1]

Die geforderte Kompetenzbreite spricht für die zweite Variante eines arbeitsteiligen, spezialisierten Know-how-Aufbaus (2) im Strategischen Controlling 4.0; dadurch sollte ein gewisses Effizienzniveau erreicht werden. Wie viele Kompetenzbereiche wären insgesamt abzudecken? Ergänzt man die bereits bekannten Bereiche um die aus der Digitalisierungsdebatte, werden sechs Kompetenzbereiche deutlich. Wie eine arbeitsteilige Abdeckung durch „klassische" strategische Controllerinnen und Controller, Strategic Business Analysts oder Data Scientists aussehen könnte, geht aus der Abb. 5.2 hervor.

Die „klassische" Fach-, die Methoden-, die Sozial- sowie die grundlegende Geschäftsmodellkompetenz sind aus den Wissens- und Fähigkeitsanforderungen ableitbar, wie sie schon seit Jahren für das Controlling formuliert worden sind.[2] Nunmehr kommen die digitale Geschäftsmodell-, IT- und Data-Science-

---

[1]Vgl. Egle und Keimer (2018), S. 51.
[2]Vgl. Küpper et al. (2013), S. 694.

Kompetenzbereiche	Wissensgebiete/Fähigkeiten	Mögliche Arbeitsteilung im strategischen Controlling	
		„Klassische/r" strategische/r Controller*in	**„Strategic" Business Analyst/ Data Scientist**
„Klassische" Fachkompetenz	• Strategische Controlling-Ziele und -Aufgaben • Strategische Controlling-Instrumente • Controlling-Organisation (Aufbau, Ablauf/Prozesse)	**Vertiefte Kompetenz**	*Basis-kompetenz*
Methoden-kompetenz	• Analytisches Denkvermögen (mit Abstraktionsfähigkeit) • Geistige Flexibilität/Vernetztes Denken • Erklärungsfähigkeit & Kommunikationswerkzeuge	**Vertiefte Kompetenz**	
Sozial-kompetenz	• Eigeninitiative (mit liebenswürdiger Penetranz) • Teamfähigkeit (mit Einfühlungsvermögen) • Belastbarkeit (Resilienz)		
Geschäftsmodell-kompetenz	• Grundlegende Kenntnisse • Wertschöpfungsstrukturen & Wertangebote/Kundennutzen • Einnahmen-/Erlös- & Ausgaben-/Kostenstrukturen • Digitale Kenntnisse • Grundlegende Funktionsweise digitaler Geschäftsmodelle • Digitalisierungschancen & -risiken	**Vertiefte Kompetenz**	*Basis-kompetenz*
IT-Kompetenz	• IT-Architekturen • Technologien • Verzahnung betriebswirtschaftlicher und IT-Konzepte	*Basis-kompetenz*	**Vertiefte Kompetenz**
Data Science-Kompetenz	• Business Intelligence & Analytics (Statistikkenntnisse) • Programmiersprachen • Visualisierung & Dashboards		

Abb. 5.2 Arbeitsteilige Kompetenzabdeckung im Strategischen Controlling 4.0. (Quelle: Eigene Darstellung)

Kompetenzen dazu. Wie sollte die Kompetenzabdeckung im Einzelnen aussehen? Die „klassischen" strategischen Controllerinnen und Controller sollten für vertiefte(s) Wissen bzw. Fähigkeiten in den angestammten Bereichen verantwortlich sein und Business Analysts bzw. Data Scientists für die neuen Bereiche. Diese Daten- und Analyseexpert*innen haben jedoch auch ihre Methoden- und Sozialkompetenzen weiterzuentwickeln. Denn der Umgang mit Daten dürfte nicht allen Stakeholdern sofort eingängig und damit erklärungsbedürftig sein (vgl. 12.).

Noch ein Wort zum Business Analyst bzw. Data Scientist: In Theorie und Praxis haben sich noch keine konkreten Profile und Rollenbilder herausgebildet. Nach den „Weichbildern" leitet der Business Analyst oder die Analystin aus den Strategien Big-Data-Anforderungen ab, wirkt bei der Big-Data-Konzeption mit und sorgt als Projektmanager*in für die Implementierung entsprechender Lösungen. Hierbei muss er oder sie zwischen den Stakeholdern wie Managerinnen und Managern, Kundinnen und Kunden oder Mitarbeiterinnen und Mitarbeitern vermitteln. Data Scientists sind noch näher dran an der technischen Umsetzung. Sie sind Schnittstellenverantwortliche zu IT-Expert*innen, prüfen die technische Machbarkeit von Big-Data-Lösungen und diskutieren mit Vertreter*innen aus dem IT-Bereich die konkreten Umsetzungsmöglichkeiten.[3] Fachanwender*innen treten in den Dialog mit Data Scientists, um Use Cases zu identifizieren und die Ergebnisse mathematischer Analysen zu verstehen. Dies erfordert von Anwender*innen ein grundlegendes Verständnis der Vorgehensweise der wichtigsten Analysekonzepte sowie die Fähigkeit, den Output fortgeschrittener Analysemethoden richtig zu interpretieren. Da Data Scientists nicht nur die Computerprogrammierung, sondern auch die Datenanalyse beherrschen müssen, ist es durchaus denkbar, dass sich die Unterscheidung zwischen diesen Profilen fast auflösen. Aus diesem Grund werden sie in der Abb. 5.2 auch zusammengefasst (in einer Spalte).

Gerade für kleinere Unternehmen oder für Unternehmen, die an dem Ausbau eines strategischen Controllings arbeiten, könnte die dritte Aufbauvariante, die Know-how-Zulieferung/OE-übergreifende Arbeitsteilung (3) interessant sein. Hier gibt es drei Untervarianten:

- Verantwortliche aus dem IT-Bereich (3a) könnten die Rollen von Business Analysts und Data Scientists übernehmen. So könnten Unternehmen dem schon dargestellten Anspruch gerecht werden, die IT-Abteilung im Rahmen des Geschäftsmodells stärker aufzuwerten.

---

[3]Vgl. ICV (2014), S. 32.

- Alternativ könnten diese auch einem sog. Shared Service Center (SSC) angehören (3b). Hierbei handelt es sich um unabhängige Organisationseinheiten in einem Unternehmen bzw. Unternehmensverbund, in denen standardisierbare, wiederholbare Leistungen gebündelt und somit effizient abgearbeitet werden. Die Unterstützung der Finanzbuchhaltung durch einen solchen Dienstleister ist schon seit langem eine etablierte Praxis. Auch für Controlling-Aktivitäten gewinnen SSCs zunehmend an Bedeutung, wenn an die Verlagerung ressourcenintensiver Reporting-Aufgaben in solche Einheiten gedacht wird; die „Aufarbeitung" des Zahlenteils in Berichten wäre eine typische Dienstleistung.[4] Insofern ist eine generelle Arbeitsteilung zwischen einem strategischen Controlling und einem SSC zu überdenken – nicht nur im Zusammenhang mit Datenanalysen.
- Die letzte Untervariante, Datenanalyse durch externe Dienstleister (3c) zuliefern zu lassen, hätte den Charme, dass höchstwahrscheinlich von vorherein eine hohe Datenqualität erreicht wird, da Expertinnen und Experten eingeschaltet werden, ein sukzessives Hereinwachsen in den Umgang mit Big Data möglich erscheint und keine Fixkosten durch die Schaffung von Stellen für Datenanalyse-Fachleuten entstehen. Diese Vorteile wären allerdings mit den vermutlich relativ hohen Kosten für die einzelnen Aufträge abzuwägen.

12. War for Talents

Der bestehende Fachkräftemangel wird sich aller Voraussicht nach insbesondere in den IT-nahen Berufsfeldern weiter verschärfen. Hinzu kommt, dass Fachkenntnisse längst kein Garant mehr für anhaltenden Erfolg sind. Vielmehr spielen Kompetenzen wie Veränderungsfähigkeit, permanentes Lernen und die bewusste Weitergabe von Wissen eine große Rolle. Die Zusammenarbeit mit den Fachabteilungen erfordert von strategischen Controllern bspw. die Fähigkeit, sich in die Anforderungen der neuen Geschäftsmodelle hineinzuversetzen, also unternehmerisch und vernetzt zu denken. Auf der anderen Seite entstehen für Unternehmen daraus auch Chancen, neue Talente für diese lernbasierten Aufgaben zu gewinnen, die für die bisherige Tätigkeit eines Controllers nicht zu begeistern waren.

---

[4]Vgl. Langmann (2019), S. 37 f.

5.4 Vorgehensweise – mit einer Roadmap die Entwicklung meistern

Mit welchem Fahrplan kann sich ein vorhandenes strategisches Controlling hin zu einem Strategischen Controlling 4.0 entwickeln? – Eine Roadmap mit sieben Schritten wird empfohlen, wobei in Abhängigkeit von der konkreten Ausgangssituation eine unternehmensindividuelle Anpassung vorzunehmen ist.

1. **Digitale Anpassung der Rahmenziele:** Die digitale Weiterentwicklung des Geschäftsmodells und der Umgang der Digitalisierung sind grundlegend in den normativen Rahmenzielen zu verankern. Dazu gehört die Anpassung von Mission („Leistungsauftrag") und Vision („Zukunftsbild") sowie des Wertekataloges („digitales Mindsetting", „Trial-and-Error") eines Unternehmens. Im Hinblick auf einer nachhaltigen Verankerung in den „Köpfen" sollte die Rahmenzielanpassung unter Beteiligung der Beschäftigten erarbeitet werden.

2. **Digitaler Know how-Aufbau:** Ein Kernteam, bestehend aus strategischen Controllerinnen und Controllern und IT-Fachleuten aus der IT-Abteilung, sollten sich die notwendigen Kenntnisse aneignen („State oft the Art") – durch Erfahrungsaustausche mit anderen Unternehmen, Aufarbeitung der Erkenntnisse aus Controller*innen-Vereinigungen und Wissenschaft, Seminarbesuche oder Engagement externer Berater. Damit würde die notwendige Wissensbasis für die weiteren Schritte gelegt. Insgesamt sollte für die Aufbauarbeit ein flexibel ausnutzbares F&E-Budget festgelegt werden, sodass Trial-and-Error möglich, aber nicht aus dem Ruder läuft.

3. **Digitale Bestandsaufnahme:** Der dritte Schritt besteht in einer Bestandsaufnahme der Geschäftsmodellstrukturen, den Stand der digitalen Digitalisierung im Allgemeinen sowie speziell im operativen und strategischen Controlling.

4. **Entwicklung digitaler Strategieziele:** Ausgehend vom Kunden und seinen Erwartungen an Kundenerlebnis, Kundenzufriedenheit und Qualität sind strategische Ziele zu entwickeln.

5. **Digitalisierung strategischer Controlling-Strukturen:** Um das Top Management effizient und effektiv bei der Entwicklung und Überwachung der Digitalstrategien zu unterstützen, sind die Ansätze zur Digitalisierung von Controlling-Prozessen und Instrumenten sowie von Steuerungssystemen zu entwickeln. Hinzu kommen die Ansätze zum Controlling der Digitalisierung wie etwa „neue" Messgrößen. Anschließend sind diese Ansätze einer Kosten-Nutzen-Analyse zu unterziehen, um Antworten auf folgende Fragen zu finden: Welche Ansätze lassen im Verhältnis zu den Kosten die größten

Effizienz-, Geschwindigkeits- und Effektivitätseffekte erwarten? Welche in- oder externen Ressourcen werden für die Weiterentwicklung benötigt und stehen wann zur Verfügung?

6. **Strategische Controlling-Konzeption:** Auf Basis dieser Kosten-Nutzen-Analyse ist eine priorisierte Konzeption der Ansätze vorzunehmen, wobei es durchaus vorstellbar ist, dass Ansätze aus beiden Perspektiven gleichzeitig umgesetzt werden (bspw. Aufnahme von Online-Kennzahlen als strategische Steuerungs- bzw. Messgrößen in einem zu automatisierenden Informationsprozess).

7. **Konzeptionsumsetzung:** Danach erfolgt die (projektierte) Realisierung der Konzeption. Hierzu gehört auch, die passende Organisation des strategischen Controllings im Unternehmen zu etablieren. Hierbei ist insbesondere das Verhältnis zum IT-Bereich zu klären. Die Umsetzung könnte mit der Entwicklung eines „Strategischen Controller*innen-Leitbild" enden, dass die Rolle dieser Controlling-Disziplin im Unternehmen für alle nachvollziehbar verdeutlicht.

Fazit und Ausblick

6

Ein Strategisches Controlling 4.0, das dem visionären Anspruch dieser Bezeichnung gerecht werden möchte, sollte zwei grundlegende Kategorien von Ansätzen nutzen: Ansätze „zur" Digitalisierung, die mit dem Schlagwort „Digitalisierung des Controllings" umschrieben werden, und Ansätze „aus" der Digitalisierungsentwicklung, insb. der Geschäftsmodelle. Die zuletzt genannten Ansätze laufen auf ein sog. „Controlling der Digitalisierung" hinaus, damit eine „gesteuerte" digitale Geschäftsmodellweiterentwicklung möglich wird. Letztendlich soll das Controlling das strategische Management dadurch noch effizienter und effektiver im Rahmen eines ganzheitlichen Steuerungsansatzes unterstützen.

Auch wenn der Umgang mit der Digitalisierung durch Unsicherheit geprägt ist und vielfach der Werkstattcharakter der Entwicklungs- bzw. Ideenstränge nicht zu leugnen ist, lassen sich – ausgehend von den drei Digitalisierungsausprägungen Digitization, Digitalization, digitale Transformation – sieben Ansätze „zur" Digitalisierung herauskristallisieren. Diese beziehen sich erstens auf Controlling-Prozesse (wie z. B. Automatisierung), zweitens auf Controlling-Instrumente (z. B. Fundierung mit Verfahren, Methoden und Modellen aus der Toolbox Business Analytics) und drittens auf Steuerungssysteme (z. B. digitale Vernetzung strategischer und operativer Planungssysteme).

Bei den Ansätzen „aus" der Digitalisierungsentwicklung geht es darum, dass strategische Controllerinnen und Controller die „richtigen" Stellschrauben finden, um die Digitalisierung des Geschäftsmodells erfolgversprechend voranzubringen. Nach dem Digital-Business-Management-Modell sollte das strategische Controlling drei Dimensionen – die prinzipiellen Facetten der Digitalisierung – und damit bestimmte Steuerungsobjekte und Controlling-Instrumente in den

Fokus stellen: Erstens sollte im Rahmen der Nutzungsdimension das Wachstum über Kundenerlebnis und Kundenzufriedenheit gesteuert werden, wobei in der digitalen Welt das produktbezogene Kundenerlebnis schon beim Entdecken und nicht erst nach dem Kauf stattfindet. Zweitens sollte im Rahmen der Anwendung der Digitalisierung in bestimmten Rechts- und Wirtschaftsräumen die Erzielung von Wettbewerbsvorteilen im Vordergrund stehen, sodass die Schaffung von Kundennutzen mit einem auskömmlichen Verdienst einhergeht. Und drittens ist im Rahmen der Technikdimension die operative Exzellenz anzustreben.

Der Weg hin zu einem Strategischen Controlling 4.0 ist nicht einfach: Digitalisierung ist kein zeitlich begrenztes Projekt, sondern eine Daueraufgabe, für die eine Kultur des Trial-and-Error empfohlen wird. Zudem muss das strategische Controlling lernen, den generellen Strategiewandel, die abnehmende Halbwertzeit von Strategien, beherrschen und koordinieren zu können. In Zusammenarbeit mit der IT-Abteilung, deren Rolle im Unternehmen aufzuwerten ist, muss es hierfür die zunehmende Datenmenge insbesondere über Kunden aus bisher getrennten Silos zusammenführen und nutzbar machen. Es liegt auf der Hand, dass ein Strategisches Controlling 4.0 ein anderes Kompetenzgefüge benötigt – neben der „klassischen" Fach-, Methoden-, Sozial- und Geschäftsmodellkompetenz sind nunmehr Kenntnisse über digitale Geschäftsmodelle sowie IT- und Data-Science-Kompetenzen notwendig. Angesichts der Komplexität ist ein genereller Aufbau dieser zusätzlichen Kompetenzen bei allen strategischen Controllerinnen und Controllern nicht zu empfehlen. Vielmehr sollte ein arbeitsteiliger, spezialisierter Know-how-Aufbau im Controlling-Team oder aber eine OE-übergreifende Arbeitsteilung mit dem IT-Bereich, mit einem Shared Service-Center oder mit externen Dienstleistern ins Auge gefasst werden. In Anbetracht dieser Vielschichtigkeit der Entwicklung eines Strategischen Controllings 4.0 wird eine Roadmap mit sieben Schritten als Grundlage für einen unternehmensindividuellen Fahrplan empfohlen.

„Was Sie in diesem *essentials* mitnehmen können"

- Ein Grundverständnis von einem Strategischen Controlling 4.0, damit Unternehmen ihr eigenes strategisches Controlling systematisch weiterentwickeln können
- Verschiedene Anknüpfungspunkte zur Digitalisierung strategischer Prozesse, Instrumente und Steuerungssysteme in der Unternehmenspraxis
- Praktische Anregungen zur „digitalen" Geschäftsmodelltransformation und wie diese vom zukünftigen strategischen Controlling im Unternehmen zu unterstützen wäre
- Eine Blaupause für einen unternehmensindividuellen Fahrplan hin zum Strategischen Controlling 4.0

Literatur

Andrae S (2019) Geldwäsche und Maschinelles Lernen – ein Strukturierungsrahmen. Bank und Markt 2:23–27.

Baumöl U, Bockshecker A (2018) Steuerung im Zeitalter der Digitalisierung mit dem Digital Business Management-Modell. Controlling – Zeitschrift für erfolgsorientierte Unternehmenssteuerung 5:4–11.

Bellgard, MI (2020) ERDMAS: An exemplar-driven institutional research data management and analysis strategy. International Journal of Information Management 50:337–340. https://doi.org/10.1016/j.ijinfomgt.2019.08.009.

Bendel O (2019a) Künstliche Intelligenz. https://wirtschaftslexikon.gabler.de/definition/kuenstliche-intelligenz-54119. Zugegriffen: 14. Mai 2019.

Bendel O (2019b) Cyber-physische Systeme. https://wirtschaftslexikon.gabler.de/definition/cyber-physische-systeme-54077. Zugegriffen: 31. April 2019.

Biel A (2019) Digitalisierung: Müssen sich Controllerinnen und Controller verändern? Interview mit Prof. Dr. Utz Schäffer und Prof. Dr. Dr. h.c. Jürgen Weber. Institut für Management und Controlling (IMC) der WHU. Controller Magazin 2:26–30.

BMWi (Bundesministerium für Wirtschaft und Energie) (2019) Industrie 4.0. Digitale Transformation in der Industrie. https://www.bmwi.de/Redaktion/DE/Dossier/industrie-40.html. Zugegriffen: 7 Mai 2019.

Deipenbrock S, Landewee L, Sälzer G (2019) Digitale Transformation des Controllings bei Deutsche Post International. Potentiale und Herausforderungen durch Nutzung von Predictive Analytics. Controller Magazin 1:45–50.

Egle U, Keimer I (2018) Kompetenzprofil „Digitaler Controller". Controller Magazin 5:49–53.

Gassmann P (2019) Banken müssen sich auf ihre Kompetenzen besinnen. https://www.der-bank-blog.de/digitalisierung-strategie-gewinnt/strategie/37655604/. Zugegriffen: 26. Feb. 2020.

Gassmann O, Frankenberger K, Sauer R, Emonet S, Amann C (2017) Neue Geschäftsmodelle erfolgreich entwickeln und umsetzen. Controlling – Zeitschrift für erfolgsorientierte Unternehmenssteuerung 2:12–20.

Hirt M (2015) Die wichtigsten Strategietools für Manager. Mehr Orientierung für den Unternehmenserfolg. Franz Vahlen, München.

ICV (Internationaler Controllerverein) (2014) Big Data. Potenzial für den Controller. Dream Car der Ideenwerkstatt im ICV 2014. https://www.icv-controlling.com/fileadmin/Assets/Content/AK/Ideenwerkstatt/Files/ICV_Ideenwerkstatt_DreamCar-Bericht_BigData.pdf. Zugegriffen: 14. Mai 2019.

ICV (Internationaler Controllerverein) (2016) Business Analytics. Der Weg zur datengetriebenen Unternehmenssteuerung. Dream Car der Ideenwerkstatt im ICV 2016. https://www.icv-controlling.com/fileadmin/Assets/Content/AK/Ideenwerkstatt/Dream_Car_Business_Analytics_DE.pdf. Zugegriffen: 17. Mai 2019.

Kappes M, Leyk J (2018) Digitale Planung: Überblick über die Planung der Zukunft im Zuge der Digitalisierung. Controlling – Zeitschrift für erfolgsorientierte Unternehmenssteuerung 6:4–12.

Küpper HU, Friedel G, Hofmann C, Hofmann Y, Pedell B (2013) Controlling: Konzeption, Aufgaben, Instrumente. 6 Aufl. Schäffer-Poeschel, Stuttgart.

Langmann C (2019) Digitalisierung im Controlling. Springer Gabler, Wiesbaden.

Langmann C (2018) Predictive Analytics für Controller – einfache Anwendungen mit MS Excel. Controller Magazin 4:37–41.

Losbichler H (2015) Controlling 4.0 – Steuerungsprozesse und Rollen der Zukunft. Vortrag auf dem 40. Congress der Controller am 21.04.2015. https://www.icv-controlling.com/fileadmin/Veranstaltungen/VA_Dateien/Congress_der_Controller/Vortr%C3%A4ge_2015/Unverschl%C3%BCsselt/15_Controlling_4.0_Heimo_Losbichler.pdf. Zugegriffen: 7. Mai 2015.

Losbichler H (2019) Digitalisierung und die zukünftigen Aufgaben des Controllers. Rolle, Aufgaben und geforderte Kompetenzen von Controllern heute. Controller Magazin-Spezial 3:12–18.

Mayer C, Wiesehahn A (2018) Controlling im Digitalisierungswahn? – Ein Zwischenruf. Controller Magazin 5:29–33.

McKinsey (2018) The five trademarks of agile organizations. https://www.mckinsey.com/business-unctions/organization/our-insights/the-five-trademarks-of-agile-organizations#0. Zugegriffen: 19. Dez. 2019.

Nasca D, Munch JC, Gleich R (2019) Quo Vadis Controlling? Einfluss der Digitalen Transformation auf die Controlling-Hauptprozesse. Controller Magazin 1:78–80.

Olfert K (2017) Finanzierung. 17 Aufl. NWB Verlag, Herne.

Onvista (2019) Uber-Aktie. https://www.onvista.de/aktien/unternehmensprofil/Uber-Aktie-US90353T1007. Zugegriffen: 7. Juni 2019.

Pröllochs N, Feuerriegel S (2020) Business analytics for strategic management: Identifying and assessing corporate challenges as topic modeling. Information & Management. https://doi.org/10.1016/j.im.2018.05.003.

PwC (2019) The Strategy Crisis: Insights from the Strategy Profiler. https://www.strategyand.pwc.com/gx/en/unique-solutions/cds/the-strategy-crisis.pdf. Zugegriffen: 3. Januar 2020.

Schlemminger R (2016) Strategisches Controlling. WISU – Das Wirtschaftsstudium 10:1095-1097.

Seufert A, Engelbergs J, von Daake M, Treitz R (2019) Digitale Transformation und Controlling. Controller Magazin 1:4–12.

WHU (WHU – Otto Beisheim School of Management) (2017) WHU on Controlling Blog. Zerschellt der Anspruch der "Single Source of Truth" an Big Data? Eintrag: 31. Mai 2017. https://www.whu-on-controlling.com/blog/urban-controlling-und-it/. Zugegriffen: 23. Mai 2019.

Printed in the United States
By Bookmasters